道徳科授業サポートBOOKS

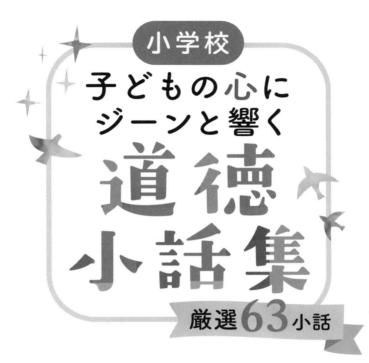

小学校
子どもの心にジーンと響く
道徳小話集
厳選63小話

田沼茂紀 編著

明治図書

まえがき

　平成最後の年度となった平成31年4月,中学校では前年より実施された小学校に次いで道徳科がスタートしました。これで全国の義務教育学校全てで道徳科全面実施となって一段落といったところですが,現実はそう簡単ではないようです。子どもたちの手元に真新しい教科書が届けられ,いざ授業開始となってみると,教師はそこではじめて様々なことに気がついてくるようです。「あれっ,この教材はどうやって活用するの?」と,教師は道徳科教科書の使い勝手に関してややとまどいを感じているようです。そんな珍事は1年先に道徳科全面実施となった小学校でも然りで,小・中学校共通の悩みとなっているようです。その理由は,どうも道徳科教科書の教材内容構成にあるようです。道徳的資質・能力形成に基づく道徳性育成を意図する道徳科では,これまで主流だった感動を全面に打ち出した読み物のみでなく,様々な論説文や画像・データ等をもとにして考えるといった多様な教材構成となっていることが少なくありません。ですから,従前と同じような教材観で道徳科教科書活用を進めようとすると,なかなかうまくいかないのです。本書はこれからの道徳科教科書をフルに使いこなすためのアイデア,とりわけ小話といった補助教材との組み合わせによって子どもたちの主体的な道徳学びが展開されるような,実効性ある指導を具体事例で紹介していきたいと思います。

　これまでの「道徳の時間」は,学校の教育課程では領域として位置づけられてきました。ですから,教科書もなく,「副読本」と称されていた道徳資料集にある教材とか,文部科学省や地域教育委員会等が作成した指導資料集から教材をピックアップして用いていました。当然,それは「いいとこどりのつまみ食い」の教材構成になりがちでした。ですから,授業展開するうえで扱いやすい教材,新人であろうとベテランであろうとあまり失敗しない教材を便宜的に並べた指導計画になりがちだったわけです。なぜなら,「道徳

の時間」では子どもの道徳的行為を可能にする個の内面的資質形成という大くくりな「道徳的実践力」育成のみが目標に示されていたからです。しかし，これから新たな歩みがはじまる「特別の教科　道徳」＝道徳科では，学習指導要領の目標に「よりよく生きるための基盤となる道徳性」を養うために，道徳的諸価値についての理解力，物事を広い視野から多面的・多角的に考える思考力，人間としての生き方について考え学ぼうとする力等の育成が重要な要素としてあげられています。いわば，この目標改訂は領域としての「道徳の時間」での心情重視型道徳授業から，論理的思考に視点を置いた教科型道徳科授業へと転換していかなければならなくなったことを意味しています。心情重視型道徳授業から論理的思考力重視型道徳科授業への転換によって，子どもたちの道徳学びにも当然のように変化が生じてきます。子ども一人一人が身近な道徳的問題を自分事として捉え，「考え，議論する道徳」によって実効性の伴う道徳的資質・能力としての道徳性を自らの内面に獲得していけるような，思考力をベースとした道徳性形成可能な授業へと転換することがこれからの道徳科授業の新しい方向性となっていくに違いありません。

　当然，そのような論理的思考力重視型の道徳科授業では他教科同様に様々な道徳科教科書を用いていかなければ，十分な成果をあげていくことは不可能です。ですが，これまでの道徳授業が大切にしてきた心情重視といった側面が全て消えてなくなるわけではありません。むしろ，両者のバランスをとりながら教科書教材を活用していくことが重要になってきます。そんな時に教科書教材に活力を与えたり，教科書教材ではカバーしきれない子どもたちの琴線にふれるような道徳的追体験として補ったりする「道徳小話」が，これからはますます重視されてくることと思います。

　本書は，「道徳小話」を通じて毎時間の道徳科授業での活用を後押しするとともに，子ども一人一人の健やかな人格的成長を後押しする補助教材事例を多数紹介して道徳科授業改善に役立ててほしいと願って企画されました。読者のみなさまの道徳科授業充実の一助になれば幸いです。

田沼　茂紀

● ● ● もくじ ● ● ●

まえがき

1章 豊かな発想による授業づくり

1 しなやかで活力ある道徳科授業づくりのために
　　―子どもの主体的な学びを引き出す小話の活用―……………………10
2 活力ある道徳科授業づくりのための小話アラカルト
　　―学ぶ子どもが思わず身を乗り出す多様な小話活用法―……………16

2章 いつでもどこでも活用できる！　道徳小話集

A―(1)　善悪の判断，自律，自由と責任
小話①　自由に生きるということ……………………………………………24
小話②　した方がよいことをする勇気………………………………………25
小話③　善は急げ………………………………………………………………28
小話④　よい行いを見つけたよ………………………………………………29

A-(2) 正直，誠実
- 小話⑤　二人の涙……………………………32
- 小話⑥　正直は一生の宝……………………33
- 小話⑦　嘘はつかない方がいい……………36
- 小話⑧　正直がもっている力………………37

A-(3) 節度，節制
- 小話⑨　自分をつくっていくのは自分……40
- 小話⑩　成功のコツは二つある……………41

A-(4) 個性の伸長
- 小話⑪　個性＝ラッキー……………………44
- 小話⑫　マラソンは生きることと同じ……48
- 小話⑬　世界に一つだけの花………………49

A-(5) 希望と勇気，努力と強い意志
- 小話⑭　イチロー選手の引退会見…………52
- 小話⑮　バスケットボール…………………53

A-(6) 真理の探究
- 小話⑯　ナイチンゲールの実態……………56

B-(7) 親切，思いやり
- 小話⑰　人の心のあたたかさ………………60
- 小話⑱　本当の親切とは？…………………64
- 小話⑲　さりげないやさしさ………………65

B-(8) 感謝
- 小話⑳　感謝はエネルギー…………………68
- 小話㉑　「ありがとう」の意味……………69

- B-(9) 礼儀
- 小話㉒　「守・破・離」の教え …………………………………… 72
- 小話㉓　「あいさつ」の意味って，知ってる？ …………………… 73
- B-(10) 友情，信頼
- 小話㉔　切手の料金不足とは？ …………………………………… 76
- 小話㉕　相手を思うこと…………………………………………… 77
- 小話㉖　友がいる喜び……………………………………………… 80
- 小話㉗　友達に支えられて………………………………………… 81
- B-(11) 相互理解，寛容
- 小話㉘　人の過ちを許すことができるのは，なぜだろうか？……… 84
- 小話㉙　垣根はどちらがつくっているのだろうか？……………… 85
- C-(12) 規則の尊重
- 小話㉚　きまりではないけれど…………………………………… 88
- 小話㉛　きまりは，なんのために？ ……………………………… 89
- 小話㉜　規則（マナー）を守ること……………………………… 92
- 小話㉝　ルールを守っている話…………………………………… 93
- C-(13) 公正，公平，社会正義
- 小話㉞　まっすぐな少年は大リーグに…………………………… 96
- 小話㉟　違いは力になる……………………………………………100
- 小話㊱　相手への想像力をもって…………………………………101
- 小話㊲　松下村塾と吉田松陰………………………………………104
- 小話㊳　お互い様……………………………………………………105

C-(14) 勤労, 公共の精神

- 小話㉟　「はたらく」ということ …………………………………… 108
- 小話㊵　他人のために何かをすることの意味……………………… 109
- 小話㊶　誰かが働いてくれているから, 人は暮らせる…………… 112
- 小話㊷　働くとは, 傍(はた)を楽にすること……………………… 113

C-(15) 家族愛, 家庭生活の充実

- 小話㊸　遺産という言葉から想像するもの………………………… 116
- 小話㊹　あなたの家庭にもっと望むことは？……………………… 120
- 小話㊺　一番そばにある愛…………………………………………… 121

C-(16) よりよい学校生活, 集団生活の充実

- 小話㊻　スポーツでよく使われる言葉……………………………… 124
- 小話㊼　ニーチェの言葉より………………………………………… 125

C-(17) 伝統と文化の尊重, 国や郷土を愛する態度

- 小話㊽　包むの本来の意味は？……………………………………… 128
- 小話㊾　遊びの文化から遊び心の文化へ…………………………… 129

C-(18) 国際理解, 国際親善

- 小話㊿　じゃんけんは世界共通？…………………………………… 132
- 小話51　はがぬけたらどうするの？………………………………… 133

D-(19) 生命の尊さ

- 小話52　「メメント・モリ」という言葉について ………………… 136
- 小話53　はじめの一歩………………………………………………… 140
- 小話54　どのような時に,「生きている」ことを感じますか …… 141
- 小話55　家族の幸せとは……………………………………………… 144
- 小話56　世界に一人だけの自分……………………………………… 145

D－(20)　自然愛護
小話(57)　昆虫の不思議 …… 148
小話(58)　自然に生かされている …… 149
D－(21)　感動，畏敬の念
小話(59)　美しい言葉「令和」 …… 152
小話(60)　100本の桜 …… 153
D－(22)　よりよく生きる喜び
小話(61)　アンネ・フランクの残した言葉 …… 156
小話(62)　成功やチャンスはどうすれば手に入るのだろうか …… 157
小話(63)　電車の中の出来事 …… 160

あとがき

1章

豊かな発想による授業づくり

1 しなやかで活力ある道徳科授業づくりのために
―子どもの主体的な学びを引き出す小話の活用―

💬 小話は道徳科授業づくりのスパイスである

①道徳科での小話とは何か

　道徳科の授業で小話を使うというと、「？」と思われる教師も少なくないかと思います。そもそも、小話とはいったいどんなものなのでしょうか。

　小話とは、それこそ文字通りのちょっとした話題、つまり「挿話」です。道徳科授業での小話とは？と問われれば、多くの教師がすぐに思い浮かべるのは授業終末で実践化に向けて語る教師のエピソード、本時の主題に関わってのまとめとなる格言や説話といったことでしょう。いわば、道徳科授業をあざやかに彩り、印象深く華を添える刺身のツマのようなものであると説明されるのではないでしょうか。しかし、視点を変えて考えるなら、道徳科での小話は数限りなくあり、その活用にも無限の可能性を感じませんか。

　道徳科で用いられる小話を具体的な補助教材ツールとして捉えるなら、教科書のコラムとして取り上げられている説話、教師・保護者・地域関係者も含めた第三者の体験談、新聞記事やＴＶで取り上げられた話題やＣＭ、校内等に貼られていたポスターのキャッチコピー、音楽、ことわざ、話題の書籍に所収されていた心打つ言葉等々、数に限りがありません。そして、道徳科授業の中で担う小話の役割や活用目的も、決して一様ではありません。

　道徳科授業を元気にし、忘れ難い１時間とするためのスパイスとしての役割も果たすツマの小話は多種多様なジャンルにわたって存在し、授業にピリッとひと味きかせる心強い補助教材でもあります。そもそも道徳科教科書を主教材、道徳小話を副教材と区分することにも意味がないのかもしれません。

②小話がなぜ道徳科授業を活性化させるのか

　道徳科授業では，主題名が設けられています。他教科等では複数時間指導を前提としているので，そのまとまりを「単元名」とか，数時間構成の「題材名」と称しています。道徳科授業では１単位時間ごとに主題を設定し，そこで子どもたちが個別の価値観創造に向けて「考え，議論する」ための主題のねらいを明確にしながら「主体的・対話的で深い学び」を展開していくこととなります。その際，学びを方向づけたり，つまずき石となって立ち止まらせてあらためて子どもたちに道徳的価値の意味について考えさせたりするきっかけとしての役割を果たすのが，道徳のツマ＆スパイスとしての小話であると説明できます。小話という言葉だけを聞くと，あってもなくてもよいくらいの教材ではないのかと思われがちですが，「えっ，なんでそうなの？」「あっ，そうか」「つまり，こういうことか」と思考転換を迫ったり，思考の視点拡大を促したりといった授業活性化機能という点で，小話は重要な役割を果たしてくれます。

③小話で教科書教材の持ち味を引き出しパワーアップさせる

　道徳科がスタートし，道徳科教科書が日々用いられるようになってから，「教科書が使いづらい」「こんな教材，どうやって使うの？」といった不満の声をしばしば耳にするようになってきました。その主たる理由は，これまで多くの学校では自分たちが扱いやすい教材を中心に指導カリキュラムを作成してきたからです。しかし，その発想には今次学習指導要領で求めているような道徳的資質・能力形成に基づく視点から道徳性を育成するという発想は希薄です。一見すると扱いにくいと感じられる多様な教材構成の教科書を効果的に機能させたり，子どもの主体的な学びを深めたりするためには，教科書教材とコラボする道徳小話の活用がますます重要になってくるに違いありません。道徳科で用いる小話，それだけでは教材としては小さな力です。ですが，教科書教材と効果的にコラボさせることでの相乗効果ははかりしれません。

💬 小話は道徳科授業の「三間」である

①「時空間」の共有で道徳学びを促進する

　道徳科授業の意味は，共通の道徳的体験をもとに協同思考活動を展開することで，多くの人にとって望ましいと考えられる道徳的合意形成としての「共通解」を導き出し，その共通解を自分事として吟味・検討することで，自らの「納得解」を子どもが個々に個別な道徳的価値観として紡ぐことです。そうでなければ，子ども自身の主体的な道徳学びとはなりませんし，そこで自らのものの見方・感じ方・考え方としての道徳的価値観を内面的資質として形成することもできません。その点で，道徳科授業での道徳学びのプロセスとしての「道徳課題意識の共有」⇒「共通解の導き」⇒「納得解の紡ぎ」という「時空間」をどのように実現していけるかという大きな問題をクリアしていかなければなりません。その授業活性促進剤として，小話は大きな役割を果たします。

　より具体的に述べるなら，子どもたちの主題に対する道徳的経験は一様ではありません。そこで教科書教材によって共通の道徳的追体験をし，さらに道徳学習課題を共有することで協同思考活動を可能にするための土壌を構築し，そのうえでの協同思考活動として発展的に作用させることで共通解の導きが可能となってきます。そのためには，道徳的追体験から道徳学習課題へ導き焦点化するための伏線となる導入での起爆剤となる投げかけも必要です。また，共通解から個別な自分事としての納得という納得解の紡ぎに学習を発展させていくためには，共通解への課題追求過程で導いた道徳的思考を多面的・多角的に拡大させながら再吟味・再検討していく誘発補強材も必要です。そのような押しつけではない「時空間」としての意図的誘導・拡散作用という教育的働きかけを有効に機能させてくれるのが，ここでいう道徳小話です。教育的働きかけとしての道徳小話には内容構成等に関する制限も，明確な活用ルールもありません。もし押さえるべき共通項があるとするなら，それは

主教材に誘い，主教材を補強し，主教材を発展させる補助的役割です。

②「場空間」の拡がりで道徳学びを促進する
　道徳教材の中には，時代的背景が異なったり，地理的・文化的環境が異なったり，人生経験知が異なったりなどで，一読して文中の内容理解ができないものや個としての想像を超えてしまうような事柄を描いた内容のものも少なくありません。ならば，それらは全て教材としては不適格なのでしょうか。例えば，小学校でよく用いられる「泣いた赤鬼」や中学校での定番教材としていまだに評価が高い「足袋の季節」などは，いきなり教材の世界に没入せよといっても難しいでしょう。ならば，節分の鬼を想起させたり昔話に登場する鬼と結びつけてイメージ化させたりできる挿話を用い，人間とは異なる存在としての鬼と人間の関係を事前に押さえることも必要でしょう。また，北海道の厳冬の中で足袋も買えない赤貧の主人公にとっておばあさんが手渡してくれた多いおつりの貨幣価値はどの程度のものであったのか，そんな予備知識を少し付与することで教材理解は深まり，思考の場の拡がりをもって自分事として道徳的問題に向き合え，本質を捉えることができるでしょう。

③「仲間空間」の信頼が道徳学びを促進する
　子ども一人一人の道徳的価値観形成を考えた時，その道徳学びには協同思考活動の場が不可欠です。なぜなら，子どもであれ，大人であれ，自分に深く関わる問題解決を図るには，第三者の客観的視点が必要です。そうでないとあまりにも狭い視野に陥り，主観的で妥当性に乏しい思考・判断しかできなくなるからです。道徳科授業で大切なことは，他者との対話から得た客観的事実や自らと異なる視点にふれることで得た情報を統合し，それをもとに自己内対話をすることで再度それまでの自らの道徳的価値観としてのものの見方・感じ方・考え方を問い直すことです。そのために必要なのが仲間空間です。人は誰かに言われたからといって，自らの価値観を容易には変えません。自ら納得し，必然性を自覚した時にだけ個の価値観を更新するのです。

💬 小話は子どもの心を揺さぶる楔である

①道徳教材の間隙を補い埋めつくす楔を意識する

　道徳科授業を語る時，よく耳にするのが「この教材は子どもの心に響かない」「この教材では，ねらい達成に向けて焦点化しにくい」といった声です。しかし，本当にそうなのでしょうか。どのような道徳教材であっても，全てが眉目秀麗，才色兼備といった優れものばかりの素材・要素を集めて成り立っているわけではありません。もともとは他の目的や意図をもって表現された内容物を道徳教材に転用したものが多いことからも，それは容易にうなずけることだと思います。その点で，多くの道徳教材はオールラウンドプレイヤーではなく，ある部分では子どもの道徳学びを促進するけれど，ある部分では何らかの手立てを講じないと教材として効果的に活用しにくいというのが一般的な教材観であろうと思います。すでに述べたように，道徳教材は子どもたちにとって協同思考活動を展開するための必然性をもたらす道徳的追体験の役割を果たします。そこで主観的かつ全我的に体験される道徳的体験は語り合いという協同思考活動を経ることで客観化され，一般化され，さらに普遍化されることで道徳的経験へと高められていきます。これを「道徳的体験の経験化」と呼んでいます。この全我的主観段階から論理的客観段階へと価値づける道徳的協同思考過程において，道徳教材のみでは埋めきれない部分をカバーしたり，道徳教材をより効果的に機能させたりする教材の間隙を補い，埋めていくのが小話の役割です。

②道徳教材の機能的役割を小話で補強する

　子どもたちに共通の道徳的追体験をもたらし，協同思考活動を生み出す道徳教材の機能的役割は大別すれば２点あります。
　１点目は道徳的思考を磨く砥石，あるいは自分の生き方を直視する姿見としての役割です。２点目は教材中に描かれた人物の生き方や考え方，振る舞

い方の是非について批判させることで間接的に自らの道徳的価値観について自問・内省を引き出す役割です。これらの機能を有する道徳教材は，子どもたちの日常生活の中で生じている事実や，普段の子どもたちの道徳的認識を反映したものを含んでいることが少なくありません。そこで描ききれない道徳的問題と子どもの日常的道徳生活とを結びつけ，架橋する役割こそが多くの場合，道徳小話と称される補助教材であることはうなずけると思います。

　道徳科授業の中で用いる小話は，道徳教材と子どもたちの心の間に生ずる間隙を埋めて機能的につなぎ合わせる「楔」としての役割を担うものであることを意識し，多様で効果的な補助教材として活用したいものです。

③小話は道徳科授業にあたたかみと潤いをもたらす

　道徳科授業でまず大事にしたいのは，道徳教材が内包する学びの要素ときちんと向き合うことです。優れた道徳教材というのは，そこに普遍的で多様な道徳的価値内容を含んでいます。それを見きわめ丹念に整理することで主題のねらいを達成する子どもの道徳学びの道筋が明らかになってきます。裏返せば子どもが見つけた教材中の道徳的問題に対して抱いた素朴な疑問，登場人物等に問いかけたい思いや願い等々といった抑圧された道徳的感情や主張を導き出し，自覚化させることでより望ましい自分の在り方や生き方への憧憬や実践意欲を醸成する誘発剤として道徳教材を活性化させることが可能となってきます。しかし，いくら優れた道徳教材でも時間的に限られた道徳科授業の中ではそのような深い境地に達するような活用まで迫っていくことは容易でありません。むしろ，多時間扱いでもなければおおよそにおいてそこまで道徳的価値内容に関わる本質部分にまで到達しての「考え，議論する」道徳科授業には深められないと考えます。それを補うのが小話です。道徳科授業における小話の形態や内容，その活用に明確なルールはありません。あくまでも，それは楔となって子どもたちの心に響けばよいのです。

2　活力ある道徳科授業づくりのための小話アラカルト
　　　―学ぶ子どもが思わず身を乗り出す多様な小話活用法―

💬 小話を道徳科授業づくりの導入で活用する

①本時の主題へ印象深く引き込む
　道徳小話については前節でも述べた通り，道徳科授業をあざやかに彩り，印象深く華を添える刺身のツマ，そして鮮烈なインパクトのあるスパイスの役割を果たすものと表現しました。まさにそれが最適な表現であると考えます。小話は道徳科授業そのものを左右する主教材でこそありませんが，その時間を方向づけ，深め，まとまりのあるものとして自覚的に統合させる大きな役割を果たします。いわば，小粒でもピリリと辛いスパイス，縁の下の力もち，豊かで彩りある道徳学びを演出してくれるのが小話の役割に違いありません。ならば，道徳科授業において小話の最初の出番はどこなのでしょうか。それは間違いなく授業の導入部分にほかならないでしょう。本時の主題に関わる事物・事象（トピックスや体験談，データ，画像，実物，楽曲等々）といったものを駆使して子どもの道徳学びを方向づけます。その印象が強ければ強いほど，道徳学びへの思いもきっとふくらむに違いありません。

②その時間を貫く道徳学習課題を意識させる
　従前の道徳授業では目標設定やその学びの見取りといった点で，他教科との指導の違いをより鮮明にするため，あえて道徳学習課題を明確にしての課題追求を展開するといった教科型の指導は敬遠される傾向にありました。やはり，論理的思考型より心情重視型の道徳授業が主流であったわけです。
　しかし，道徳科となり，道徳的資質・能力形成を前提とした道徳性の育成が学習指導要領の目標に示されたからには，従前の授業スタイルから転換し

ていく必然性が生じてきました。例えば，言語能力や情報活用能力，問題発見・解決能力等をベースにした道徳的知識・技能，道徳的思考力・判断力・表現力等，学びに向かう力（学ぶ意欲）等を基礎にしての道徳性育成を意図すると，やはり1時間の道徳科授業を貫く道徳学習課題の共有は必要不可欠な要件にならざるを得ないのです。その時間での道徳学びとして追求すべき事柄を明確にしないまま問わず語りで子どもたちに気づかせるといった方法は，きわめて旧来型の非効率的で散漫な授業にしかなりません。

　その授業で取り上げるテーマ，例えば「思いやり」ならそれを導入で明確に方向づけし，「友情」をテーマと捉えたまま参加していた子どもが授業途中から軌道修正するといったまわり道をしなくてもすむよう，小話から学習テーマを確認して学習課題設定へと導くような流れはとても重要です。また，導入での学習テーマ確認から道徳教材へとつないで学習課題を設定するような場合も，小話を途中に挟み込むことでより効果的に展開することができます。

③日常生活の小さな切り取りが道徳学習課題を生み出す

　新聞の投稿記事を手がかりに学習テーマを明確化し，学習課題へと結びつけたり，道徳教材内容に直接関係する実物を提示して教材への興味・関心を高めながら学習課題設定へ発展させたりする指導光景はよく目にすることです。

　ここでいう新聞の投稿記事も，実物提示も，基本的には道徳小話の範疇に含まれるものです。例えば，電車の中でふれた通りすがりの人の思いやりあふれる親切な言動等が子どもたちの心に心地よく響いたり，逆に「なぜそんなことになるのか？」といった違和感を呼び起こしたりするきっかけとなります。また，楽曲を聴いてから教材「風に立つライオン」を読み込んで課題意識を鮮明にすることもよく用いられる方法です。要は，子どもたちの日常生活での道徳的問題と道徳教材とをとり結んだ学習課題意識を引き出すことです。

小話を授業展開部分でコラボさせて活用する

①教科書教材と並行して小話を活用する

　道徳科授業の展開部分では，主教材のみに頼って授業が進行していくといったイメージがもたれがちですが，決してそんなことが決まっているわけではありません。

　例えば，こんな事例があります。我が国の伝統文化の尊重をテーマにしたその授業では，「ふろしき」の用い方を地域の協力者数名が説明しながら実演し，子どもたちに実際に教える活動を通してそのすばらしさを伝えていました。その説明やふろしき活用体験活動の後で主教材を提示したら，子どもたちはそこでの教材内容と自身の体験とを結びつけ，より深いところで身近にある伝統文化のよさを感得していました。まさに問わず語りです。教師の「自分はこれで何を包みたい？」という投げかけに，「友達をそっとやさしく」「人を思いやる心を」「みんなの健康や幸せ」等々の学習テーマからより発展した個々の思いを自己内対話を通して導いていました。説話は補助教材だから主教材の前後で用いるといった発想は，まったく不要であると思います。必要な場面，今ここでという場面での活用こそが大切です。

②子どもの日常生活と道徳教材を密接にコラボさせる

　小学校中学年で，「友情，信頼」等の主題設定の際によく用いられる「絵はがきと切手」を主教材として用いた授業を3週間で4回参観するという幸運に恵まれた経験があります。どの授業も一様に教材活用や指導方法等に工夫がなされて，子どもたちの学びに力強さを感じることができました。

　ある授業では教材提示の際，主人公宛に届いた料金不足の絵はがきを受け取った場面で教材読みを一旦中断し，役割演技によって再演しながら受け取った主人公家族の気持ちを考えていました。その際，役割演技で再現する前に料金不足の郵便物を受け取る現実について具体的に提示していました。や

はり，「友達だから」という文章中の言葉では伝わりきらない部分を小話として挿入することで，教材に活力を与えて子どもたちにとってより身近な日常的道徳問題へと耕していました。

　違う授業では，主人公を挟んで「友達なら知らせるべき」というお兄さんの意見と，「せっかく送ってくれたのだからお礼だけにしたら」というお母さんの立場を対比的に捉えさせて友情の在り方を深めていました。それぞれの立場からの意見交換は平行線の膠着状態となってどうしても前に進みませんでした。そんな時に担任が提示した挿入エピソードは，「ありがた迷惑をしてもらってうれしかった日常的体験談」でした。そのエピソードにまつわる質問や意見等で一時的には主教材から話題は逸れてしまったのですが，「今のような話から，もう一度お兄さんとお母さんの考え方を考えてみましょうか」という投げかけで，膠着状態は一気に解消されて授業が大きく動きだしました。そして，教材文にある「正子さんならきっとわかってくれる」という一文に着目した子どもの発言を拾い上げ，主人公が他者の考えではなく，自分自身の問題として解決し行動しようとしている姿から主題のねらいに迫っていました。

　道徳科授業では，子どもたちの思考が教材文にとどまっていたのでは自分事の道徳的課題解決になりません。子どもの日常生活と教材とを結びつける小話の効果，ぜひ着目してほしいと願っています。

③過剰な演出で子どもの道徳的思考を混乱させない

　ここではじめて否定的な見出しを用いました。小話活用の効果を半減させる「べからず」集と受け止めていただいてけっこうです。

　まず，必要以上の情報過多は逆効果です。あれもこれもと手をつくした過剰演出も，かえって教材文中に横たわっている道徳的本質を見えにくくします。また，子どもたちの先回りをしての「せっかく準備したのだから」も教師のよけいなお節介にすぎません。子どもの自己解決力も信じてあげたいと思います。

💬 道徳科授業の終末部分こそ小話を輝かす

①小話で内なる意志力形成を目指したい
　道徳科授業は，その主題のねらいを通して学んだ道徳的なものの見方・感じ方・考え方を子どもが将来出会うであろう様々な場面において，その道徳的問題状況に応じて自己の生き方として思考し，判断し，実践できるような内なる力としての道徳的実践意志力形成を意図しています。ですから，普段の生活において道徳的知識として知っていること，例えば「命は大切にしないといけない」「困っている人にはやさしく接するべきだ」「友達はとても大切だ」等々は，子どもたちは幼少の頃から周囲の大人にさんざん教え込まれてあらためて学ばなくても知っているのです。それをわざわざまた授業でなぞったとしても，それは意味のないことではありません。頭でわかっていることを本当に切実な自分事として受け止め，考え，自分事の感得として再度意味づけしていくプロセスにこそ，日々の道徳科授業での学びの本質があるといえます。そして，その授業プロセスの一区切りが終末段階であるといえます。そこでの小話は，道徳的実践化に向けた個の意志力を励ますためのものである必要があります。主題に関わるエピソード，先人の格言やことわざ，やや時間を要しますがコラムやエッセイ，主題に関する楽曲，学齢が低ければ実際に体験する等々，その具体方策は数限りないと思います。そこにもやはり，ただ納得するだけでなく，心揺さぶられる感動が伴うことで強く記憶に刻まれるに違いありません。

②誰にとっての道徳科授業の終末なのか
　ある校内研究会におじゃましての帰り際，玄関まで追いかけてこられた教師が「教師はやっぱり今日の授業で何がわかったのか，子どもの言葉として授業の最後に知りたいのです」とおっしゃっていました。子どもたちが主題を通して学んだことは何なのかと気になるのは，やはり「教師の性」です。

そんな訴えをされた教師の熱き思いに大いに共感してしまうのですが，あえてこの問題に対する自らの考えを述べたいと思います。まず思うのは，道徳科授業の主人公は誰なのかという根源的な問題です。子どもたちは教師の自己満足のために学んでいるのではありません。ですから，教師の意図した授業計画においてその求める解を子どもたちの言葉で引き出したいと願うのは，本質的に間違っていると思います。むしろ，その時間で示した学習テーマ，例えば「友情，信頼」について学習してきた結果，子どもたちの自分事としての道徳的価値追求結果として「友情を支える前提は相手を思いやる心だ」「もし自分がロレンゾの友達だとしたら，友情のみでなく，社会正義の視点からその後の接し方を考えるつもりだ」等の発言が出たとしてもそれは大いに称賛すべき事柄です。その授業で「友情，信頼」という視点から道徳課題追求をした結果，そこから拡がる「思いやり」とか「公正，公平，社会正義」という多面的・多角的な視点へと思考が発展したら，それはすばらしいことです。要は，教師の期待する正答が必ずしも子どもの納得解，最適解ではないということです。やはり，「教師の性」とは決別すべきです。

そのような教師の道徳科授業に対する身構え一つで，子どもの「考え，議論する」主体的な道徳学びは間違いなく開始されると思います。

③未来志向的な終息を大切にする

道徳科授業における終末段階での小話は，やはり未来志向的であってほしいと切に願っています。子どもは，今日よりも明日，明日よりも明後日を善く生きたい，善くありたいと願う存在です。そんな子どもたちの素直な心根を認め励まし，明日への希望を抱かせる説話や体験談，エッセイや実話等のエピソード，格言やことわざ等々を駆使して目指すのは，やはり子ども一人一人の個別な明日へ生きる希望や夢です。そんな愛しき，日々精いっぱい伸びようとする子どもたちを認め励ます珠玉の宝石箱の中身こそ，道徳科授業における終末段階での小話に違いありません。そんな説得力のある活用を期待します。

〈田沼　茂紀〉

2章

いつでもどこでも活用できる！道徳小話集

> 高学年　おすすめ活用場面：終末（説話）

A-(1)　善悪の判断，自律，自由と責任

小話① 自由に生きるということ

　ノーベル文学賞を受賞したアイルランド人のバーナード・ショーは，こんな言葉を言っています。

> 　自由とは，責任を意味する。
> 　　　　　　　　　　　　　　　　　　　　バーナード・ショー

　バーナードは，日本でいうと，江戸時代の終わり頃に生まれました。バーナードのこの言葉は，今日みなさんが話し合ったことと同じことなのだと思います。自分勝手な自由ではなく，自由であるからには自分のすることに責任をもたなければならないということですね。バーナードも本当の自由とは何なのか考えたのだろうなと思いました。

　実は，この言葉には続きがあります。「だから，たいていの人間は自由を恐れる」。私はバーナードのこの言葉の意味を考えてみました。自由とはよいもののはずなのに「恐れる」とはどういうことなのでしょう。たいていの人間は自由になりたくないということなのでしょうか。たしかに，人に言われた通りに行動していれば楽なのかもしれませんね。しかし，私はそれでは嫌だなと思いました。自分のしたいことができないなんて人生が楽しくないからです。自分のしたいことをしたい。しかしそれがわがままや自分勝手になってはいけない。だから，これからは「自由」な自分を目指す時に，まず自分の行動に責任をとる覚悟をもとうと思いました。そうすると，責任のある自由を目指していける自分になるのではないかなあと思っています。

低学年　おすすめ活用場面：展開・終末
A －(1)　善悪の判断，自律，自由と責任

小話② した方がよいことをする勇気

　した方がよいと思っているのに，なかなかできないことってありますね。
　今日のお話にもあったように，きっと，「よいことなんだから，よしやるぞ！」という気持ちがいるのだと思います。みんなにもそういう気持ちが出てくる時があると思います。
　例えば，はじめてのことにチャレンジする時。苦手なことをやってみようと思う時。人と違うことをする時。このあいだある授業で，普段あまり発表をしない人が，じっと考えていました。きっと，手をあげようか考えているんだなあと思ったので，「がんばれ～」って思いながら待ってみました。すると，その人は友達の発表の後，シュッて手をあげたんです。すごいなあと思いました。発表した方がいいと思ったから思いきって手をあげたのですね。また，給食の時間に嫌いな野菜を食べたくなくて，お皿の端によけている人がいました。でも私が「嫌いなものもがんばって一口は食べられるといいね」と声をかけると，「うん」と言った後，しばらくしてお皿を持ち，大きな口をあけて嫌いな野菜をほとんど入れてしまったのです。目をぎゅっとつぶって一生懸命かんでいるその人を見て，すごいなあと思いました。他にも，困っている友達に助けるよと声をかけている人，他の人がおしゃべりしていても自分はちゃんと黙ってよい姿勢で座っている人，みんなと違う考えでも自分の考えをきちんと話せる人，廊下のごみをさっと拾っている人など，いいなと思うことを思いきってできる人っていっぱいいます。そういう人を見るたびに，私はすごいなあと思って，うれしくなります。私もよいと思うことを思いきってやっていこうと思えます。みんなすごいね。

小話①を活用した展開例

教材名 「うばわれた自由」

💬 教材のあらすじ

　森での狩りのきまりを守らないジェラール王子に，王子の言う「自由」とは「わがまま」のことであり，本当の自由とは違うから，勝手な振る舞いをしないようにと進言した森の番人ガリューはとらえられてしまう。しかし，その後王となったジェラールのもとで国は荒れ，とうとうジェラールは王の地位を追われてとらえられてしまう。牢屋で再会したガリューに対して，ジェラールは自らのわがままな行いを悔いる。

💬 導入

　まず，「今の自分は自由か」と問う。おそらく自由ではないと答える子どもが多いことが予想されるので，その場合は「もっと自由になりたいと思うか」と問う。すると，ほとんどの子どもが自分の自由を求めているという結果になるだろうと予想される。そこで「世界中のみんなが自由になることをどう思うか」と問う。すると，多くの子どもは，「みんなが自由になってしまうのは，ちょっと……」「みんな自由だと困ることが出てくる」という考えを語ると思われる。子どもにとって，自由とは自分勝手とほぼ同じ意味として捉えられていることがわかる。

💬 展開

　教材「うばわれた自由」を読み，ジェラール王子とガリューの考える自由

は，何が違うのかを話し合う。ジェラール王子の考える自由は，わがまま勝手で無責任なものであり，ガリューの考える自由は，周りの人のことを考え，きまりを守った範囲内で自分のしたいことをするものであると気づいた後，これまで自分たちが思っていた自由はどちらの自由に近かったのかを問う。そして，今はどちらの自由を目指していきたいかについて話し合う。

その際，ガリューの自由を目指したいと語る子どもに対して，好きなことが何でもできるわけではないのに，それでよいのかと補助発問をすることで，ガリューの考える自由のよさを深く話し合えるようにする。そして，自分のしたいことを自由にするためには，人のことを考えたりきまりを守ったりしながら，自分のしたことに責任をもつことが大切だと気づいていけるようにする。

終末

今日の話し合いで自分が見つけた自己の生き方をよりよくするために大切だと思ったことをノートにまとめるようにする。それを隣の席の人や全体で語り合ったうえで，小話①をする。バーナードの言葉は，短冊などに書いておくようにし，授業後も教室にしばらく掲示することができるようにしておく。

ここが活用ポイント！

ガリューの考える自由のよさを話し合う中で，「責任」をとらない「自由」は目指すべき自由ではなく，わがままにすぎないことを語り合ったうえで活用することが大事。

小話によって，自由と責任は表裏一体であるということを，より印象づけることをねらう。

〈尾崎　正美〉

中学年　おすすめ活用場面：終末（説話）
A −(1)　善悪の判断，自律，自由と責任

善は急げ

> 善は急げ
> 悪は延べよ

　みなさんは，このようなことわざを聞いたことがありますか。
　「善は急げ」は，よいことを思いついたら，すぐにはじめるのがよいという教えです。よいことを思いついても，すぐに行わないで，またそのうちにしようと延ばしていると，やる気が薄れてしまい，結局何もしないで終わってしまうというのです。ですから，よいことを思いついたらすぐにはじめなさいという教えです。
　反対に，「悪は延べよ」ということわざもあります。悪いことを思いついたら，すぐに実行するのではなく，少し先へ延ばしなさいという教えです。そのうち，やる気も薄れて，悪いことをしないですむというのです。

　私が小学校３年生の時の話です。
　私には１歳下の弟がいます。弟は体が弱く入退院を繰り返していましたので，友達も少なく，一人でいることが多かったのです。私が学校へ行く時や，友達と遊んでいる時は，いつもついてきました。ある日，いつもついてくる弟がじゃまに思えたので，友達のＡさんの家に行く途中，意地悪をして隠れようとしました。どこで隠れようか考えながら歩きました。弟は，すぐ後ろをついてきます。私は走りました。弟も走ってきます。私は，電柱に隠れま

した。弟は、私を見失って、泣きそうな顔で探しています。息も苦しそうです。困ったな、と思っていると、友達のAさんが弟を見つけて声をかけてくれました。私がAさんに「いつも弟が一緒で嫌だよね」と言うと、弟は悲しそうな顔をして泣いてしまいました。すると、Aさんから「あんた、お姉さんでしょ。意地悪だよ」としかられてしまいました。自分でも意地悪だと思いました。Aさんがしかってくれたので、それからは弟を気づかいながら楽しく遊びました。

きっぱりと私をしかったAさんは、立派でした。もし、Aさんがあの時、私と弟の間に入ってくれなかったら、弟は発作を起こして、また入院することになったかもしれません。

低学年　　おすすめ活用場面：終末（説話）
A－(1)　善悪の判断、自律、自由と責任

  よい行いを見つけたよ

先生は、学校でお友達のよい行いをたくさん見つけました。いくつか紹介しますから、誰のことか考えながら聞いてください。
❶遠足に行った時、長いすべり台がありました。割り込もうとしていたお友達に、「みんな並んで待っているから、順番を守ってください」と注意していました。
❷給食の配膳で、友達とぶつかっておかずをこぼした時、先生に知らせてくれて、その後床を雑巾できれいに拭いていました。
❸登校中、友達がころんでケガをした時に、荷物を持ってあげて、保健室まで一緒につきそってくれました。

小話③を活用した展開例

教材名 「よわむし太郎」

💬 教材のあらすじ

　太郎は，背も高く力も人一倍強い。子ども好きの太郎は，子どもたちがどんなに太郎に対していたずらをしても，子どものことだものとにこにこしている。そんな太郎は，子どもたちが大切にしている白い鳥を殿様が射止めようとした時，殿様の前に立ちはだかって，白い鳥を守った。

💬 導入

　登場人物を押さえておきたい。太郎の体格と子ども好きな人柄や，殿様の地位と殿様に逆らうことなど許されないことを確認してから教材を読みたい。

💬 展開

　太郎の気持ちを中心に発問をつなげていきたい。
　「よわむし太郎」と呼んで，太郎に対していたずらをしてくる子どもたちのことを太郎はどのように思っていたか話し合う。ここでは，にこにこしている太郎の姿や白い鳥にえさをやって世話をする子どもたちから，考えていくようにする。
　次に，「おまえも鳥といっしょに仕とめてしまうぞ」と殿様に怒鳴られても，殿様の前に立ちはだかっていた太郎は，どのようなことを考えていたのかを話し合わせる。殿様に対して怖い気持ちはあるけれど，子どもたちが大切にしている白い鳥を自分が守らなければならないと考えたことや，殿様が

間違っているからやめさせたいという思いを引き出す。子どもたちが悲しむから，自分が行動を起こすという強い思いも押さえたい。

最後に，子どもたちが太郎に走り寄ってきた時，太郎は自分のしたことは間違っていないと確信をもち，よかったという気持ちになる。その太郎の気持ちを共有したい。

💬 終末

太郎のように，思いきって勇気を出して行動したことはあるかを問う。この時期の子どもは，正しいことや正しくないことについての判断力が高まってくるが，正しいことと知りつつもなかなか実行できなかったり，悪いことと知りながらも周囲に流されたり，気持ちに負けたりすることもある。その時々の気持ちについて，振り返りじっくり考えるようにする。

> **ここが活用ポイント！**
> 学習の最後にことわざを出し，小話③を話す。「善は急げ」「悪は延べよ」の二つを一緒に出すことで，もしも悪いことを考えたとしてもそれを行わない勇気を印象づけたい。

指導にあたっては，正しいことを行えない時のうしろめたさや，自らが信じることに従って正しいことを行った時の充実した気持ちを考え，正しいと判断したことは自信をもって行い，正しくないと判断したことは行わないようにする態度を育てる。

よいこと，正しいことについて，人に左右されることなく，自ら正しいと信じるところに従って，誠実かつ謙虚に行動することは，人として重要なことである。特に，価値観の多様な社会を主体的に生きるうえでの基礎を培うために，善悪の判断が的確にできるように指導していきたい。

〈三ッ木　純子〉

中学年　おすすめ活用場面：展開後段
A−(2)　正直，誠実

 二人の涙

　つい最近の5月のお話です。みなさんの中にもテレビや新聞，インターネットなどでこのニュースを聞いた人がいるかもしれません。このようなお話です。
　沖縄県のある高校生が，飛行機の航空券を購入するためのお金を貸してくれた親切な男性に，お金を返してお礼がしたい，と申し出ました。その高校生が，財布を落としてとても困っていたところ，60〜70歳くらいの男性が，名前も住所も告げずに，6万円もの大金を貸してくれたそうです。そのおかげで高校生は飛行機に乗ることができ，自分のおじさんの葬儀（納骨）に間に合ったそうです。その高校生は，その時のお礼とお金を直接返したくて，新聞で呼びかけました。テレビのインタビュー中も涙ぐみながら話していました。
　すると，数日後埼玉県の男性から連絡がありました。その男性はお金を貸したことを話した友人に，「だまされたのではないか」などと言われていましたが，信じ続けたそうです。そして，高校生からの呼びかけに涙を流して喜んでいたそうです。
　私は，このお話を聞いて，心があたたかくなりました。困った高校生に対して男性は，誠実（やさしく）に接しました。また，高校生は，ごまかすことなくお返しをしようと正直に言いました。この二人の涙は，正直で誠実に生きることが本当にすばらしいことを，私たちに教えてくれる気がします。

高学年　おすすめ活用場面：終末
A－(2)　正直，誠実

小話⑥ 正直は一生の宝

　「正直」にはいくつかのことわざがあります。その中の一つが，「正直は一生の宝」です。いくら正直でいようとしても，時には嘘をついたりごまかしたりしてしまうことがあります。思ってもいないことをつい言ってしまうこともあります。そのことが原因で友達を失ったり信頼をなくしたりすることもあります。

　しかし，嘘を言った後に気持ちがよいと思う人はほとんどいないでしょう。おそらくうしろめたいと感じたり，心がすっきりしなかったりすることでしょう。正直であれば人から信用されて，それが成功や幸福のもとになることが多いのです。「あの人は信用できる。だから協力しよう。一緒にがんばっていこう」という気持ちになるわけですね。だから，正直は，「宝物のように一生，大切にしていこう」という気持ちをもち続けたいものです。

　「正直」に関係したことわざは，その他にもあります。例えば，「正直の頭に神宿る」です。これも正直に過ごそうとする人には，きっとよいことや幸運が訪れるという意味です。

　このような正直が大切だということわざは他の国にもあります。「一生幸せでいたいなら，正直でいることだ」。これは西洋のことわざだそうです。どの国でも正直に，そして，人にやさしく誠実に過ごしていきたいという気持ちであふれているのです。そう考えると，「正直」は，とても素敵な言葉で，大切にしていきたいものです。

小話⑤を活用した展開例

教材名 「『正直』五十円分」

💬 教材のあらすじ

　主人公のたけしと弟のひろしは野球の練習帰りにいつもの店に行き，1000円札を出してジュースを買った。次の日，たこ焼き屋でたこ焼きを買って二人で楽しく食べていると，おつりが50円多いことに気づいた。二人はたこ焼き屋のおじさんに「50円多かったので，返しにきた」と告げる。そうすると，おじさんはうれしそうに50円を受け取り，できたてのたこ焼きを3個ずつくれた。正直50円分のたこ焼きをおいしく食べた二人だった。

💬 導入

　「人からしてもらうとうれしいことはどんなことかな」と子どもたちに尋ねた。すると，「物やお金をもらうとうれしい」「好きな場所に連れて行ってもらえるとうれしい」など思い思いに答えてくれた。そこで，「本日のお話の主人公もとってもうれしいと感じました」と告げ，「なぜそのような気持ちになったのかを考えてみよう」と投げかけ，展開へとつないだ。

💬 展開

　教材を範読し，登場人物や場面の状況を確認した後，二つの発問をした。基本発問では，「おつりを50円多くもらったとわかった時，二人はどんなことを考えただろう」とし，中心発問では，「二人はなぜ，うれしそうに夕焼け空の下を歩いたのだろう。また，おじさんもなぜうれしかったのだろう」

とした。

　基本発問では，子どもたちは「多くもらったので，返した方がいい」との意見がほとんどであった。「おじさんが困るから」「正直に返した方がいいから」などの理由である。これらは建前ではなく，子どもたちが本当に思っている気持ちであろう。次の中心発問では，「たこ焼きをサービスでもらったから」「お金を返してもらったから」などと，自分にとって得であったとの回答がまず出てきた。その後，「ごまかさずに正直にお金を渡したから」「おじさんも二人がいい子だとわかったから」などと正直の大切さについて気づく発言をしていた。しかし，それは，あくまでも物語上のことであり，表面（よい子）的な発言に終始した感は拭えない。

　そこで，今回の小話を入れ，正直に生きることが人を誠実にすることについて考え，心あたたまる展開にしたいと考え，小話⑤を話した。

ここが活用ポイント！

　まずは，よけいな解説を加えずに「最近本当にあった話です。高校生のインタビューを聞いてください」と伝える。その映像視聴後，小話についてわかりやすく解説する。

　この話をした後，「高校生とおじさんに伝えたいことはありませんか」と投げかけた。すると，子どもたちは，「二人が幸せになってよかった」「お金が返ってきてよかったね」「正直に言ってよかった」などと思い思いに発言した。正直に生きていくことで誠実な心も育てられることが自覚できた。

💬 終末

　子どもたちに本時の授業を振り返って，今日の授業から感じたこと，考えたことを書いてもらった。すると，子どもは高校生の話を印象深く書いていた。読み物教材と現実の話で，意欲づけを図る授業となった。

〈尾身　浩光〉

低学年　おすすめ活用場面：終末（説話）

A－(2)　正直，誠実

小話⑦　**嘘はつかない方がいい**

人にして信なくんば，その可なるを知らざるなり

　この言葉は中国から伝わった言葉で，「嘘をついてしまう人間は，一人前の大人として評価されない」という意味です。この言葉は中国の『論語』という本に書かれています。この言葉を言ったのは中国の思想家の孔子という人です。孔子は日本がまだまだ国として完成していなかった時代に中国で活躍した人です。孔子には3000人くらいのお弟子さんがいました。そのお弟子さんたちと「人はどのように生きていくのがよいのか」「人はどのように勉強していけばよいか」などのお話しをした内容をまとめたものが『論語』という本です。孔子の教えは「儒教」という名前で日本にも入ってきました。日本に1500年くらい前に入ってきた「儒教」の教えは，今の日本に住む人たちの人や自然，家族に対しての考え方に大きく関わっているといわれています。例えば，人に対して思いやりの心をもつとか，相手を大切に思って礼儀ただしくするとか，家族を大切にするとか，そういう考え方は「儒教」の教えからきているといわれています。

　さて，この「人にして信なくんば，その可なるを知らざるなり」という言葉は孔子の教えそのものといえます。「相手に対して正直であること」「嘘をつかないこと」は人が人と仲よく生活していくためにはとても大切であることを孔子はよくわかっていました。お互いを支え合う関係になるためには，やはり「嘘」はよくないこと，「嘘」をつくとよくないことがあることをお

弟子さんたちにも話していたのですね。今も昔も人と仲よく暮らしていくためには大切なことです。みなさんはどうですか。孔子の教えから何かを感じ取ることができましたか。
参考文献：『右手に「論語」左手に「韓非子」』守屋洋著，角川ＳＳＣ新書

低学年　　おすすめ活用場面：終末（説話）
Ａ－(2)　正直，誠実

 小話⑧ **正直がもっている力**

　絵本の紹介です。みなさんは『皇帝にもらった花のたね』（デミ作・絵，徳間書店）という絵本を知っていますか。簡単にお話の内容を話しますね。花を愛する皇帝が世継ぎを選ぶことになりました。皇帝は国中の子どもに花の種を渡し，1年後に見せにくるようにと言います。花の種をもらって育てた子どもたちの中で花を上手に育てた子を世継ぎにしようと皇帝は考えました。花を育てるのが大好きな男の子ピンも皇帝からもらった種を育てました。しかし，どんなに世話をしても種から芽が出ません。そして，ついに1年が過ぎ，皇帝に会う日がやってきました。さて，ピンはどうしたでしょうか。世継ぎになりたいために何か種に細工をするのでしょうか。それとももらった種ではなく，違う種を育てて皇帝からもらった種とするのでしょうか。それとも正直に種から芽が出なかったことをみんなの前で話すのでしょうか。このお話の最後に，ピンは世継ぎとして皇帝に認められます。皇帝はピンの何に感心して，ピンを世継ぎと決めたのでしょうか。ここで勘違いしてほしくないのは，「正直」であるとよいことが起こるのではありません。自分が「正直」であることによって，自分だけでなく，周りの人の何かを変えることがある，「正直」にはそういう力があることをこのお話はみんなに伝えてくれます。

2章　いつでもどこでも活用できる！　道徳小話集

小話⑦を活用した展開例

教材名 「きんのおの」

💬 教材のあらすじ

　木を切っていたきこりが，自分の大切な斧を池に落としてしまう。すると，池の中から神様が現れ，きこりに金の斧を落としたのか，銀の斧を落としたのかを問うが，きこりは正直に違うことを伝える。神様はその正直なきこりをほめて，金の斧も銀の斧もきこりにあげた。この話を聞いた仲間のきこりはわざと池に斧を落とし，金の斧をもらおうとする。しかし神様は仲間のきこりの嘘を知り，二度と現れることはなかった。

💬 導入

　はじめに子どもたちにねらいとする道徳的価値についての今の自分の考え方を認識させるために，「正直な心で話せた時は，どんな気持ちになるかな」と問い，正直な心のよさについて振り返らせる。子どもたちからは多様な意見が出ることが予想されるが，「ない」ととりあえず答えた子どもについても理解を示す。

💬 展開

　まず，教材「きんのおの」を読み，感じたことや思ったことを自由に発表させる。導入からの流れで，子どもたちは「きこりは正直な人」という考えを発言すると予想されるので，その子どもたちの感想を生かし，「どうしてきこりは正直に言えたのか」という教材に関するめあてを立てたい。

そのめあてを考える第一段階として，神様が金の斧，銀の斧をもってきた時のきこりの気持ちについて考えさせる。ここでは，きこりが誘惑に負けそうで悩んでいる気持ちについて考えさせることによって，正直でいることの難しさや正直でいられない時の人の弱さについて考えさせる。

　子どもたちから多様な意見を出させた後，めあてについて考える。その際，「神様は，どうして木こりをほめたのか」と切り返して子どもたちに投げかけることによって，正直であることは周りの人も清々しい気持ちにさせることに気づかせたい。

　教材について話し合った後，ねらいとする道徳的価値についての今の自分の在り方を見つめさせるために，「どんな時に嘘をついてしまうのか」「正直に話せた時はどんな気持ちになるか」について自分の経験をノートやワークシートに書かせる。この二つを問うことによって，正直でいることのよさについて気づかせたい。

終末

　正直であることは難しいことではあるが，自分の生活をよりよくしていくことであることを感じ取らせるため，ここでは小話を入れていく。

――ここが活用ポイント！――
　孔子の肖像画を見せると，子どもたちはより実感がわくと考える。

　低学年であるため，「いけないことはいけない」ということも教える必要がある。そのため，「嘘はいけない」ということを昔の人も理解していたことを伝えたい。授業の内容によってはこの小話が蛇足となる場合もあるので，そこは臨機応変に対応したい。

〈遠藤　信幸〉

高学年　おすすめ活用場面：終末（説話）
A−(3)　節度，節制

自分をつくっていくのは自分

　　自分は自分の主人公
　　世界でただひとりの
　　自分をつくっていく責任者

　これは，元小学校の校長先生でいらっしゃった，東井義雄さんという方の言葉です。この言葉からわかることは，自分をつくっていくのは，自分であり，他の誰でもないということです。
　そのように考えてみると，どんな自分にでもなっていけるというわけです。つまり，自分が成長するために必要なことは，自分で見つけ実行するしかないということです。
　振り返ってみると，私は今までの人生で，たくさんの人からアドバイスをいただきました。けれども，それを実行するかを決めるのは自分でした。
　私たちは，これからの人生で楽しいことや苦しいことに出会っていくことでしょう。そんな時，今日の自分づくりが明日の自分につながっていくことを意識してみてください。
　私も自分づくりの途中にいます。だからこそ，自分にとって大切だと思う習慣は取り入れていきたいと思っています。
　自分の考え方一つ，行動一つで自分を変えていけるなんて，なんだかわくわくしてきますね。自分が目指す自分づくりを，みなさんとともにできるとうれしいです。

高学年　おすすめ活用場面：終末（説話）
A−(3)　節度，節制

　成功のコツは二つある

　誰もが，自分の夢をかなえたり，なりたい自分になっていったりしたいと思っているのではないでしょうか。自分の夢をかなえることを，「成功する」という言葉で表すことがあります。
　どうやったら成功する人になれるのかなと思っていた時に，出会った言葉がこの言葉です。

> 　成功のコツは二つあります。
> 　それは，コツコツです。

　これは，鍵山秀三郎さんという方の言葉です。
　鍵山さんは，そうじを通して，自分づくりやよりよい社会づくりを目指しておられる方です。
　私は，この言葉に出会った時，日頃から意識してやっていることは，積み重ねによって大きなものになると感じました。
　例えば，靴をそろえることも，続けていれば，何かしら自分の成長につながるかもしれませんね。
　みなさんはこれから何をコツコツしていくのでしょう。もちろん，その内容は，人によって違うでしょうね。
　そして，そのコツコツはどんな自分をつくっていくのでしょう。楽しみですね。自分の生活を振り返り，コツコツできそうなことを見つけられるとよいですね。

小話⑨を活用した展開例

教材名 「ぬぎすてられたくつ」

💬 教材のあらすじ

　主人公の誠也は，両親にいくら注意されても靴をそろえることができなかった。ある日廊下を走っていると，1年生の男の子にぶつかり，泣かせてしまう。そして，むしゃくしゃした気持ちで下校した際，ふと靴を見てみると，ばらばらに置かれていた様子が，今の自分と重なって見えた。そこで，靴をそろえてみることにした。その日をさかいに，靴をそろえることができるようになり，生活にも余裕がもてるようになった。

💬 導入

　まず，子どもたちに「生活の中で，靴をそろえることは大切ですか」と発問した。すると子どもたちは大切であるということを，つぶやきや表情で表していた。そこで，どうして大切なのか，その理由を具体的に述べるようにした。ここでは，「周りの人たちが気持ちよいから」「靴を履きやすいように」「なくさないように」など，大切だと思う理由が述べられた。そこで，「この他にも大切な理由がないか，みんなで考えてみよう」と提案した。

💬 展開

　教材を読んだ後，「靴をそろえることは難しいことですか」と発問した。すると子どもたちは，行為自体は簡単なことであると述べた。そこで，「どうして誠也は，そんな簡単なことができなかったのだろう」と発問した。こ

こでは，「そろえようという気持ちがたりないから」「面倒くさいから」などの考えが出てきた。そして，「では，そのような気持ちで，あんなにもずっと靴をそろえられなかった誠也が，靴をそろえられるようになったのはどうして」と発問した。子どもたちは，「今の自分と重なった」という誠也の思いに着目していた。そこで，「今の自分ってどんな自分なの」と問い返した。すると「いいかげんな自分」「運が悪い自分」などの発言があった。そして，「靴をそろえると，自分がよくなり成長する」という発言があり，もっと自分を成長させたいと思ったのではないかという考えに発展していった。そして，「きっと階段のように，ちょっとずつの積み重ねでよりよい自分になっていけるのではないか」という共通解に至った。そこで，「よりよい自分になっていくために生活で心がけたいことはないかな」と発問した。そうすることで子どもたちが目指すよりよい自分に近づくためにできることを考えられるようにした。

💬 終末

　心がけたいことを考え，個々の納得解をもつことができたところで，「自分は自分の主人公　世界でただひとりの　自分をつくっていく責任者」という東井義雄の言葉を知らせる。そして，「今の自分をつくってきたのは自分だと考えると，これからの自分づくりがわくわくしてきますね」と伝える。

> **ここが活用ポイント！**
> 　よりよい自分になっていくために心がけたいことを考えた後に，東井義雄の言葉を知らせる。その際，自分の考え方次第でなりたい自分になっていくことができるといった前向きな考えに焦点をあてる。

　そうすることで，子どもたちはよりよい自分づくりに対して前向きな気持ちになることができるだろう。それとともに，ねらいである節度，節制についても実感を伴い，その重要性を考えることもできるであろう。〈門脇　大輔〉

高学年　おすすめ活用場面：終末（説話）
A－(4)　個性の伸長

 個性＝ラッキー

先日，ある6年生の作文を読みました。一部を読みますね。

> 　私には左手がありません。手首から先がないので，腕がついているだけ，と表現する方が伝わりやすいかもしれません。
> 　生まれつき左手の障害を持った私は，今のところ日常生活で不自由を感じることはほとんどありません。みんなと同じようにできなくても『少しの工夫』でほとんど同じようにできています。学校の友達，先生，まわりの人達も優しく，何か困ったことがあると助けてくれます。
> 　まだ私が二才位だった時，私の左手を見た外国人の方から，
> 　"She is a <u>lucky</u> girl!"（下線：筆者，「lucky」部分を隠して読む）
> と，笑顔で話しかけられたことがあるそうです。

外国人の方は，左手がない小さな女の子を見て，なんと声をかけたのでしょう。あなたがその女の子に会っていたらどう思いますか。その外国人の方は，"She is a lucky girl!"と声をかけたのです。どう思いますか。作文の続きにはこう書いてあります。

> 　障害は個性といわれることはありますが，『ラッキーガール』という言葉を聞いて母は『障害＝かわいそう』ではなく『ラッキー』と受け止めてくれる人がいらっしゃることがとてもうれしかった，と言っています。

これを読んで，これまで「個性」という言葉を人と違ってラッキーだとは受け止めていなかった自分がいたことに気がつきました。人と違うこと，それは全て個性であり，そしてすばらしいものであることなんだ。この作文を読んで，そう気づかされました。この作文は，こう続いています。

> 　私には，かなえたい夢があります。行きたい場所，なりたい職業，やってみたいこと。どれも，まわりの人よりも二倍，三倍の努力が必要です。夢をかなえるための目標を立て，目の前にある目標を達成しながら少しずつ夢に近づいて，いつか夢をかなえたいです。
> 　これからも，たくさんの人に助けてもらうことになると思います。しかし，日々の努力と感謝の気持ちを忘れず，いつか私と同じような障害を持った人が私を見て，元気になれたり自信が持てるような，そんな『ラッキーガール』になりたいです。

　この６年生は，きっと人に自分の「障がい」を「ラッキー」だと言ってもらったから自分に自信がもてたのだと思います。人と違うところがあるというのは，すばらしいことなのです。しかし，そのすばらしさに自分一人ではなかなか気づくことができません。だから，みんなでお互いの個性を「ラッキーだね」と認め合っていきたいなあと思います。そうすると，この６年生のように自分に自信をもち，前向きに自分の人生を歩んでいけるようになると思います。

出典：第９回　言の葉大賞　最優秀特別賞受賞作品
　　　「私はラッキーガール！」岐阜市立三里小学校６年　土屋　真優

小話⑪を活用した展開例

教材名 「ぬくもり」

💬 教材のあらすじ

　小春は消極的な性格で，学級の係を決める時も，いつも誰もやりたがらない残った係を引き受けるようにしていた。ある日，同じクラスの葉月が，生き物係の仕事を手伝ってほしいと声をかけてきた。ハムスターのふんの始末も嫌がらずに世話をする小春を見て，葉月は自分はもうすぐ転校するから，自分のかわりに生き物係を引き継いでほしいと頼む。翌日，先生から生き物係を引き継いでくれる人はいないかという呼びかけがあった時，小春は迷ったが，葉月にかけてもらった言葉を思い出し，思いきって係に立候補することができた。

💬 導入

　自分の長所と短所を知っているか問いかけ，ノートに書くように声をかける。長所も短所も自覚している子どもばかりではないと考えられるが，自覚していない場合は，無理に書かせようとせず，「わからない」と書いておくようにする。その後，「自分の長所や短所を知ることは，自分の生き方から見てどんなよさがあるのでしょう」と問いかける。そして，「自分の長所や短所を知るよさについて考えよう」という学習のめあてを立てる。

💬 展開

　教材「ぬくもり」を読んだ後，「はじめの頃の，小春の長所と短所は何だ

と思いますか」と問いかけ，グループで相談して，小春の長所と短所をまとめるようにする。多くの子どもが長所として「仕事を丁寧にすること」「人の嫌がることを進んで引き受けること」，短所として「自分に自信がもてないこと」「消極的なこと」などをあげると考えられる。そして，「消極的な小春が生き物係に立候補できたのはなぜでしょう」と問う。立候補できた理由を考えていくことを通して，葉月に自分の長所を認めてもらえたから，自信がついて立候補することができたということに気づかせたい。そして，「葉月に認めてもらう前から，小春はこの自分の長所を知っていたのでしょうか」と問う。子どもからは「知らなかった」という反応が返ってくると考えられるので，「どうして自分のことなのに，自分の長所に気づきにくいのでしょう」と問いかける。すると，子どもからは「自分のことは短所の方が気になってしまう」「自分にとって当たり前のことだったら，長所だとは思わない」など，自分で自分の長所に気づくことは難しいという考えが出ると予想される。それらの話し合いを通して，自分の長所は気づきにくいけれど，自分で知ることができると自分に自信がついて前向きになれるということに気づかせたい。

終末

　導入で書いた自分の長所と短所を見直してみる。思いつかない子どもには，その子どもの長所を知っているか学級全体に問うことで，自分では気づきにくい長所を知ることができるようにする。その後，小話⑪を紹介する。

---ここが活用ポイント！---
　自分には短所しかないと否定的に自分を見ている子どもがいる場合は，小話を紹介した後，自分が短所だと考えているところを長所として見ることができないか学級でリフレーミングの考え方に挑戦してみる。

〈尾崎　正美〉

中学年　おすすめ活用場面：導入

A－(4)　個性の伸長

小話⑫ **マラソンは生きることと同じ**

> 何かできるようになりたい。
> 何のとりえもない私は，人一倍努力しないと人並みにはなれない。
> それだけを考えて生きてきた。

　これは，1992年のバルセロナオリンピックで銀メダル，1996年のアトランタオリンピックで銅メダルを獲得した元マラソン選手，有森裕子さんの言葉です。これだけ輝かしい成績をおさめた有森さんなのに，とても意外だと思いませんか？
　オリンピックでメダルをとるような方ですから，有森さんは子どもの頃からさぞかし走ることが得意だったのだろうと思っていました。しかし，聞くところによると実はそうではなかったのです。むしろ「私には何のとりえもなかった」と言っています。そして「だからこそ人一倍努力した」とも言っています。
　同じく有森さんの言葉で，先生の胸を打った言葉があります。
　「心の中では，『自分は才能がない，だからこそ人一倍やらないとだめなんだ』という鞭をずっと打ち続けていたような気がする」
　もしかしたらみなさんの中にも，「自分にはいいところなんて一つもない」と思っている人がいるのではないでしょうか。
　今日は，有森さんの言葉をヒントに，自分のよさを見つけ，そのよさを伸ばしていくことについて考えていきましょう。

高学年　おすすめ活用場面：終末（説話）
A—(4)　個性の伸長

世界に一つだけの花

> そうさ僕らは　世界に一つだけの花
> 一人一人違う種を持つ　その花を咲かせることだけに
> 一生懸命になればいい

　これは，SMAPの歌う「世界に一つだけの花」の歌詞の一部です。
　先生の大好きな歌なのですが，いつも聴くたびにちょっと考えてしまいます。「自分にとっての花は，どんな花なんだろう」と。
　みなさんはどうですか？　みなさんの花は，どんな花なのでしょうか。
　世界に一つだけの，自分だけの花を咲かせるということは，ナンバーワンになるよりもむしろ難しいことかもしれませんね。また，オンリーワンというのは，「他を除いて自分だけの」とか，「たった一人」や「孤立」といったイメージとは違うような気がします。
　もう一度，聞きます。みなさんの花は，どんな花でしょうか。
　今日の学習で学んだように，まずは，自分の種を見つめ，それに一生懸命水をやり，大切に育てていってください。
　先生は，みなさん一人一人が自分の花を咲かせ，春にはこのクラスの花が見事に咲きほこることを楽しみにしています。
　最後に，「世界に一つだけの花」を聴きながら，自分にとっての花，このクラスにとっての花を思い浮かべてみましょう。

小話⑫を活用した展開例

教材名 「うれしく思えた日から」

💬 教材のあらすじ

　自分には何のとりえもないと思っていた主人公「ぼく」は，友達や先生，家族からかけてもらった「いいかたしてるね」という言葉をきっかけに，自分のよさに気づき，そのよさを伸ばしていく。
　自分のよさを野球に生かしたいと思った「ぼく」は，厳しい練習にも耐え，「もう一年前のぼくじゃない」と言えるぐらいに自信をもって，夢に向かっていくようになる。

💬 導入

　はじめに「自分には，いいところがあると思うか」と問う。自分で自分のよさを自覚している子どもには，どんどん発表させるが，「わからない」「見つけられない」「一つもないと思う」などの意見も肯定的に受け止める。そこで，小話⑫を活用する。

> **ここが活用ポイント！**
> 　インパクトを与えるため，黒板に格言を大きく掲示し，小話を話す。
> 　自分のよさが見つかるかもしれないという期待感を高める。

　どうしたら自分のよさが見つかるのか，そしてそれを伸ばしていくためにはどうすればよいのか。本時では，そのことをじっくりと考えていくことを伝え，教材に入る。

💬 展開

　まず,「『いい所なんて一つもない』と思っていた『ぼく』が,『もう一年前のぼくじゃない』と言えるぐらい変わったのは,どうしてか」と問う。友達や先生,家族の言葉があってのことだが,そのことによって「ぼく」の考え方がどう変わったか,また,どのような心をもつようになったかを考えさせる。「自分のよさに気づいて自信をもった」や「さらによさを伸ばしていこうと前向きな気持ちになれた」などの意見が予想される。

　そこで次に,「いいところを伸ばそうとがんばっている『ぼく』をどう思うか」と問う。「生き生きしていてかっこいい」「一つでもよさが見つかると,こんなに変われるのか」などと,「ぼく」に対してあこがれの気持ちを抱かせたい。そして,それを単なるあこがれではなく,「自分にもよさがあるかもしれない」「自分のよさも見つけてみたい」と思わせるようにしたい。教師の勇気づけで,「きっとみんなの中にもあるはず」と,前向きな気持ちをもたせることが大切である。

💬 終末

　最後にもう一度,「自分のいいところは,どのようなところか」を考えさせる。導入で聞いた時よりも,深く自分を見つめ,考えるであろう。それでも,なかなか見つからない場合には,「友達のいいところは,どのようなところか」と,互いのよさを見つけ合うようにしてもよい。この物語のように,友達からの指摘によって,自分のよさが見つかるのもすばらしいことである。また,今すぐに見つからなくてもよいことを伝え,これから生きていくうえでより一層,自分と向き合い,自分を磨き,自分を高めていこうとする気持ちをもち続けてほしいという願いをこめて授業を終える。

〈鈴木　賢一〉

高学年　おすすめ活用場面：終末（説話）
A−(5)　希望と勇気，努力と強い意志

小話⑭ イチロー選手の引退会見

> 　後悔などあろうはずがありません。
> 　もちろん，もっとできたことはあると思いますけど，結果を残すために自分なりに重ねてきたこと，人よりがんばったということはとても言えないですけど，自分なりにがんばってきたとははっきりと言えるので。

　これは，長い現役生活を終えることを決断した，引退会見でのイチロー選手の言葉です。
　「後悔などあろうはずもない」。私には，とても言えません。普段の生活の中で，もっとできることがあったと，後悔することは大人になった今でもあります。
　とてもイチロー選手のようにはなれないなと思う私でも，特に次の言葉が心に残りました。「人よりがんばったということはとても言えないですけど，自分なりにがんばってきたとははっきりと言えるので」です。
　私も，今まであきらめずに努力を続けても報われないことがありました。そんな時はずいぶん落ち込んだものです。しかし，そんな時でも「他人と比べて」ではなく「自分なりに」で，その自分のがんばりを認めてあげてもいいのかもしれないと，イチロー選手に背中をそっと押されたような気がしました。

中学年　おすすめ活用場面：終末（体験談）
A－(5)　希望と勇気，努力と強い意志

小話⑮ バスケットボール

　最後に，私の小学生の頃の話をします。あれは，中学年の頃でした。
　部活動でバスケットボールをはじめた私は，夢中になって練習をしていました。毎日，練習できることが楽しくてたまりませんでした。
　そんなある日，練習中に右手の小指を骨折してしまいました。病院で右手にギプスをつけられ，お医者さんからは「しばらく，右手は使えないね」と言われました。私は，右利きです……。痛みよりも先に，くやしさがこみあげてきました。もう，何もする気になれなくなってしまいました。やがて，あんなに大好きだったバスケットボールにふれることすら少なくなっていました。
　練習中は体育館の隅で見学していました。ある時，部活の顧問の先生が元気のない私に「左を鍛えたら，誰にも負けないぞ」と言ってくれました。「なんて，時間をむだにしていたのだろう」と，正直はっとしました
　すぐに自分で目標を決めました。「左手でのドリブルで，チームで一番になろう」と。左手だけでドリブルの練習をするのはもちろん，食事中に左手で箸を使うようにしました。それまでは，スプーンかフォークを使っていたのですが，少しでも器用に動かせるようになりたいと思ったのです。
　最終的に左手だけで，ドリブルやシュートができるようになりました。ですが，チームで一番上手になれたかと聞かれたら，答えは「いいえ」です。一番上手になれたわけではありませんが，なぜかくやしい気持ちはまったくありませんでした。ギプスをとって右手が使えるようになった時，ケガをしてからの日々の中で，すごく大切な何かを手に入れたような気がしました。

小話⑭を活用した展開例

教材名 「いつも全力で～首位打者イチロー」

💬 教材のあらすじ

　メジャーリーグで活躍していたイチロー選手が日本のプロ野球に残した大記録に関するエピソードを中心とした教材である。
　日本のプロ野球ではじめて200本安打を達成し，首位打者になったイチロー選手。
　残りの試合に出なければ日本のプロ野球のシーズン最高打率更新という新記録達成のチャンスを目の前に，イチロー選手は「試合に出ないくふう？なんで，そんなことをしないといけないんですか？」と残り4試合に出場する。結果的に新記録の達成はできなかった。
　その後，骨折により試合を休むまでの間，5年間にわたり全試合に出場し，連続首位打者を獲得する。打率が下がらないようにするために試合を休むこともできたが，イチロー選手は最後まで試合に出場し続け，プロ野球史上に残る大記録を樹立する。その後，メジャーリーグに活躍の場を移す。

💬 導入

　導入では，まず「世界で活躍する日本人スポーツ選手」について話し合う。予想される子どもの反応としては，サッカーや野球，テニスの選手などがあげられるのではないだろうか。イチロー選手についても，出されるかもしれない。一通り出された後，イチロー選手の画像資料を提示する。ここでは，「努力を続けた」や「メジャーリーグで活躍していた」等の説明はいらない。あくまで，教材への関心を高めるだけでよい。

💬 展開

　展開では，5年間にわたって全試合に出場し首位打者であり続けたという，努力を惜しまないイチロー選手の生き方を感じ取らせるようにしたい。
　まず，「お話を読んで，どんなことが心に残りましたか？」と問う。
　次に「イチロー選手が『試合に出ないくふう？　なんで，そんなことをしないといけないんですか？』と言ったのは，どんな思いからでしょう？」と問う。最後に，「5年間全試合に出場して，ヒットを打ち続けたイチロー選手を，あなたはどう思いますか？」と問う。

💬 終末

　終末で大切なことは，「イチロー選手はすごいと思うけれど，とても自分には無理だ」と思わせないことである。イチロー選手に限らず，偉人と呼ばれる人の生き方や考え方を，その一部だけでも自分の生き方に生かそうとする気持ちが芽生えれば十分である。そのために，終末の説話の中で教師が自分との関わりの中で話すのもよいだろう。また，Aの視点「主として自分自身に関すること」なので，人との関わりではなく，困難があってもくじけずに「自分なりに」努力することの大切さを間接的に伝えたい。

---ここが活用ポイント！---
　どこまで子どもに自我関与させるか。学習指導要領解説の以下の表現が大きな手がかりとなる。
　「希望をもつことの大切さや，希望をもつが故に直面する困難を乗り越える人間の強さについて考えることを通して～」　　　（下線：筆者）

〈小泉　洋彦〉

おすすめ活用場面：展開の途中（中心発問後）

A-(6)　**真理の探究**

小話⑯　ナイチンゲールの実態

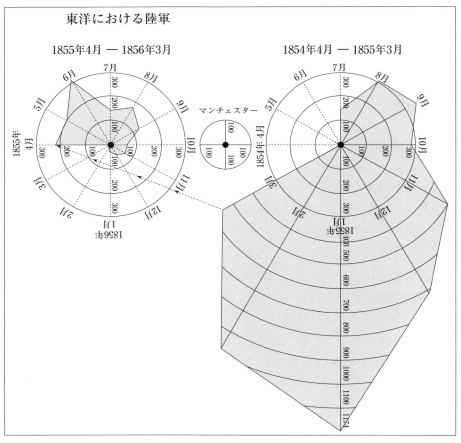

ナイチンゲールのバッツ・ウィング

ナイチンゲールは「統計学者」としてとても優れていました。このグラフは，クリミア戦争における兵士たちの死亡の原因を視覚的に訴えたグラフで，「ナイチンゲールのバッツ・ウィング」（こうもりの翼）という名前がついています。ナイチンゲールは独自のグラフを考えたのですね。一番内側の円は「もし仮に陸軍の死亡率が，英国で最も不健康な都市マンチェスターと同じ死亡率であったなら，死亡率はどれくらいになるか」を示しているのだそうです。コンピューターがなかった時代によくこのような難しいグラフをつくることができましたね。とても驚きますね。

　ナイチンゲールは，1858年に女性としてはじめてロンドン統計学会（現・王立統計学会）の会員になりました。また，1860年には，ケトレーが立ち上げた国際統計会議のロンドン大会に出席し，病院統計のためのモデルを提案しました。病院統計とは，入院や退院，ベッドの数やケガの数など病院に関わるデータを数値としてまとめたものです。今では病院の仕事の効率化や，患者さんのよりよい治療のために多くの病院で使っていますが，当時は病院統計のとり方がバラバラでした。それでは，医療技術の向上にもつながらないと考えたため，ナイチンゲールは病院統計のモデルをつくりました。ナイチンゲールは統計学者としての成果が認められ，1874年には米国統計学会の名誉会員にもなっています。なぜ，ナイチンゲールはこのように病気の原因をいろいろと調べたり，調べたことをグラフを使って表したり，そこから病院統計のモデルをつくることができたのでしょうか。みなさんはどう思いますか。ナイチンゲールは決して遠い存在ではありません。ナイチンゲールとみなさんとの共通点は何でしょうか。それについても考えてみてください。

参考HP：「ナイチンゲール8つの顔」（「ナイチンゲール看護研究所」）
　　　　　https://nightingale-a.jp/8-faces/
「ナイチンゲールと統計」（「統計学習の指導のために（先生向け）」）
　　　　　http://www.stat.go.jp/teacher/c2epi3.html

小話⑯を活用した展開例

教材名 「真の看護を求めて―ナイチンゲール」

💬 教材のあらすじ

「ランプの貴婦人」と呼ばれたナイチンゲールの物語である。この教材はナイチンゲールの看護師としての功績を伝えることよりも，病気の人を救うための「統計学者」としての功績に着目した物語である。クリミア戦争の兵士たちの病気が感染症によって引き起こされていることを，ナイチンゲールは兵士たちの状態を観察し，記録を整理することによってつきとめる。「統計学者」として，ナイチンゲールの真実を追求しようとする強い思いが伝わる教材である。

💬 導入

まず，導入では教材についての興味・関心を高めるために，ナイチンゲールについて知っていることを発表させる。子どもたちからは「看護師」という一面があげられるだろう。「統計学者」としての違った一面のナイチンゲールを知るために，あえてここでは「統計学者」としてのナイチンゲールにはふれず，教材に出会わせたい。子どもたちのナイチンゲール像が出された後，めあてとして，「ナイチンゲールはどのような功績を残したのだろう。なぜそれができたのだろう」と提示し，ナイチンゲールの真実を追求する姿をめあてとして捉えさせていきたい。

💬 展開

　教材と子どもたちを出会わせたら，一つ目の発問として，「ナイチンゲールが兵士を救うために大事にしたことは何か」と問う。ナイチンゲールの統計学者としての一面である「真実を追求しようという姿」に気づかせたい。ここで気をつけたいことは，ナイチンゲールの心の根っこには兵士の生命を守りたいという「生命尊重」の一面があることである。そのためナイチンゲールの兵士の生命への思いについても考えさせたい。二つ目の発問は，「ナイチンゲールの真実を追求しようとする強い思いによって，何が変わったのか」と問う。ここではナイチンゲール自身のことや兵士のこと，医学のことなど多様な意見が出ることが予想される。板書で整理していきたい。そして，ここで小話を提示する。

> **ここが活用ポイント！**
> 　真実を追求しようとしたナイチンゲールの功績を提示することによって，次の発問での子どもたちの多用な意見を引き出す。

　めあてである「ナイチンゲールはどのような功績を残したのだろう。なぜそれができたのだろう」を提示して功績を確認しながら，なぜ追求しようとしたのか，進めることができた原動力について多様な意見を引き出したい。

💬 終末

　ワークシートやノートに今日の学習から「真実を追求しようとする思いは，なぜ大切なのか」についてどう考えたかを書かせる。子どもたちはナイチンゲールの姿から真実を追求しようとする思いについて考えることができる。そして，書いた内容について発表させながら，自分事として授業を終えるために今後どうありたいかもあわせて問いたい。

〈遠藤　信幸〉

高学年 　おすすめ活用場面：終末
B－(7)　親切，思いやり

 人の心のあたたかさ

> 「もう落としません」沖縄の高校生，再会の「恩人」に
> 窮地救った医師が学校訪問
>
> 　　　　　　　　　　　　　　「毎日新聞」2019年5月21日

　これは，新聞にのっていた高校生と医師の間に起こった本当の話です。
　高校生の崎元さんは，与那国島（沖縄県）での親戚の葬儀に行くために空港に向かう途中，往復の飛行機代が入った財布をなくしたことに気づいたそうです。
　呆然としていた崎元さんに近くにいた医師の猪野屋さんが「どうしたんだ？」と声をかけ，6万円を貸してあげたとのことでした。
　あわてていて名前も連絡先も聞き忘れた崎元さんは，新聞を使って，恩人を探しました。
　その記事はインターネットで拡散され，猪野屋さんにも伝わり，二人は再会できたということです。
　お金を貸した後，猪野屋さんは周りの人たちに「だまされたんだよ」と言われたこともあったそうです。そして，高校生の崎元さんが，自分を探してくれていると知った時，感激して，涙が止まらなかったそうです。
　再会した時，二人は再会をとても喜びました。
　そして崎元さんと猪野屋さんは，互いにプレゼントを交換し合いました。崎元さんは，6万円を返し手づくりの品を，猪野屋さんは，新しい財布を崎

元さん渡したとのことです。
　さて，みなさん，落とした財布はどうなっていたと思いますか？
　なんと，落とし物として，きちんと届けられていたということです。そして，しっかりと中身もそのまま。
　これらのことを通して，崎元さんは，「困っている人に声をかけて，話を聞いていけるような人になりたい」と語っていたということです。
　この話を聞いて私は，人を思う気持ちを相手に届けた時，相手が受け止めてくれると，その心は，どんどん伝わって，広がって，大きな輪になっていくのだな，そして，人を思う気持ちは人の心を動かすのだなと思いました。
　お金を貸してあげた医師，
　その相手を思って一生懸命探した高校生，
　それだけでなく，高校生の思いを受け止めて，記事にした新聞社の人たち，それを知ってなんとかしたいとインターネットで広めた人たち……。
　そして，もちろん高校生が落とした財布を，そのまますぐに落とし物として届けた人の相手を思うやさしさ。
　たくさんの人を思うやさしさがあふれた出来事ですね。
　これらのこと全てが，この事実を知った私の心もあたたかくしてくれました。
　きっと，やさしさは，やさしさを生むのでしょうね。

小話⑰を活用した展開例

教材名 「くずれおちただんボール箱」

💬 教材のあらすじ

5歳くらいの男の子がはしゃぎ回ったために，ショッピングセンターの狭い通路に積み上げてあった段ボール箱がくずれ落ち，通路が通りにくくなってしまう。「わたし」と知子は，孫がくずした段ボール箱を積み直そうとして困っているおばあさんのかわりに積み直しはじめる。しかし，それを見ていた店員に，「わたし」たちがくずしたのだと思われてしかられてしまう。その後，おばあさんが戻ってきて，お礼を言ってくれるが，店員には誤解されたままになる。しかし，2週間後，事実を知ったショッピングセンターの店員から，学校におわびの手紙が届く。

💬 導入

導入では，親切にしたくなるのはどんな時かを考える。
子どもからは，「助けたい時」「喜んでもらいたい時」「ほめられたい時」などの答えが出た。

💬 展開

「『わたし』と知子は，なぜ，おばあさんを助けようと思ったのか」と問いかけると，子どもからは「男の子を心配して，困っていたから」「大変そうだったから」などの考えが出る。
そこで，次に「店員にしかられながら，二人はどんなことを思っていた

か」と問いかける。すると，「手伝わなければよかった。腹が立つ」「わたしたちは悪くないのに決めつけないで」などの声があがる。

次に，「おばあさんにお礼を言われた時，二人はどんなことを思ったか」と発問すると，「おばあさんがわかってくれているからまあいいか」「おばあさんが喜んでくれているから，店員には腹が立つけれどいいか」などの考えが出る。

そして，「おばあさんは，なぜ店員に，話をしようと思ったのか」と聞くと，「二人がしてくれたことがとてもうれしかったから」「もし，二人が誤解されていたらいけないから。二人を思う気持ち」「素敵な子どもがいたことを知ってほしかったから」などの考えが出された。

最後に，「店員に手紙を書かせたものは何か」と問うと，「おばあさんが伝えてくれた二人のやさしさ」「やさしさに気づかなかった自分が恥ずかしいというおわびの気持ち」「うれしい気持ち。二人を思う気持ち」といったことに気がつくことができた。

💬 終末

終末では，教師の話を聞き，学習を振り返り，考えたことを書く。

ここが活用ポイント！

実際の新聞記事を入手することができれば，それを配付する。記事を見せることで，「事実である」という認識ができる。関連記事がたくさんあるので，一つを選び，あとは教師の話で補うとよい。また，授業の板書を工夫して，「親切や思いやりのつながり」が視覚的に捉えられるようにしておくと，小話⑰をより生かすことができる。

〈龍神　美和〉

中学年　おすすめ活用場面：終末（説話）
B−(7)　親切，思いやり

 本当の親切とは？

> 親切という名のおせっかい
> そっとしておくおもいやり
> 　　　　　相田みつを著「日めくり　ひとりしずか１」より

　これは，相田みつをさんの言葉です。
　「親切」と「おせっかい」の違いは難しいものです。私も，自分では「親切」のつもりでしたことが，相手に「おせっかい」と受け取られてしまったことがよくあります。そこで，今日みなさんが学んだように，「何かをしてあげる」ことだけが思いやりなのではなく，「そっとしておく」思いやりもあることを頭に入れておくとよいと思います。ただし，これは「ほうっておく」とか，「無関心でいる」ということではありません。
　主人公の「ぼく」が，「おばあさん」のことを考えて，「見守る」や「心の中で応援する」といった気持ちを抱いたように，相手のために，相手のことを考えて，「そっとしておく」のです。
　みなさんも，これから毎日生活をしていく中で，「この場合はどうすることが本当の親切なんだろう？」と，悩むことがあると思います。そんな時こそ，今日の学習を思い出して，相手の人がどうしてほしいか，一番相手のためになることは何なのかよく考えてみてください。十分に考えて行ったことであれば，その行動がたとえ「おせっかい」であっても，相手の心には何かしら伝わるものがあるのではないでしょうか。

高学年　おすすめ活用場面：導入
B－(7)　親切，思いやり

小話⑲　さりげないやさしさ

> 本当の優しさとは，□□□□□□にすること

　これは，島田洋七さんの『佐賀のがばいばあちゃん』という本の中に出てくる言葉です。□の中にどんな言葉が入ると思いますか。
　洋七さんが中学生の頃，同じ野球部の仲間に久保くんという子がいました。久保くんは，母親が入院したためお金が必要になり，修学旅行の積み立て金をおろしたというのです。洋七さんは，なんとかして一緒に修学旅行へ行きたいと考え，野球部員の協力を得ながら，アルバイトをして２万円を稼ぎ出しました。
　ところが久保くんは修学旅行には来ず，後輩に残すために，新しいキャッチャーミットとバット，ボールを３ケース買っていたのでした。
　それを知った洋七さんは，「ごめん，久保，ごめんな」と言って，生まれてはじめて土下座をしました。
　そして洋七さんは，いつか聞いたばあちゃんの言葉を思い出すのです。
　「本当の優しさとは，相手に気づかれずにすること」
　もちろん「相手のために」という気持ちは大切です。しかし，それが本当に相手のためなのか，自分の満足のためではないのか，と一歩立ち止まって考えることが大切なんですね。とはいえ私も後から考えて「あれは親切の押し売りだったな」と反省したり情けなく思ったりしたことがあります。そこで今日は，そのことについてもう少し深く考えていきたいと思います。

小話⑱を活用した展開例

教材名 「心と心のあく手」

💬 教材のあらすじ

「ぼく」は，学校の帰り，荷物をもったおばあさんに出会い，「荷物，持ちます」と声をかけるが断られてしまう。家に帰り，母からおばあさんは歩く練習をしていたことを知らされる。数日後，「ぼく」はまたあのおばあさんに出会い，声をかけようか迷うが，そっと後ろをついていくことにした。家にたどりついたおばあさんの笑顔を見て，「ぼく」はおばあさんと「心と心のあく手」をしたような気がした。

💬 導入

「親切」と「おせっかい」の違いは何かと問う。子どもたちに普段の生活を振り返らせながら，それぞれどのような行動かあげさせる。その中で，同じ行為，行動でも，受け手によって「親切」にも「おせっかい」にもなることに気づかせる。そこで，「本当の親切とはどういうものだろう」というテーマを設定し，問題意識をもたせたうえで，教材に入る。

💬 展開

まず，数日後，再び，一生懸命坂を上っているおばあさんに出会う場面で，「自分だったらこの後，どうするか」と問う。ポイントは「この前より足どりが重い」「一度断られている」「家にも急がないといけない」の3点である。
教具「心のものさし」を使って，「声をかけるか」「声をかけないか」を，

それぞれ4段階で判断させる。同じ「声をかける」でも，段階が1と4では，その理由や思いが異なってくる。それをじっくり交流させ，自分の考えを深めさせたい。

　次に，教材の中で，「ぼく」がおばあさんの後ろをついて歩いたことを押さえ，そのことについて，「どんな思いからそうしたのか」と問う。「おばあさんを応援したい」や「見守りたい，心の中で支えてあげたい気持ち」などが出てくると思われる。

　最後に，本時のテーマである「本当の親切とはどういうものだろう」について考えさせる。「相手の立場に立って，相手の気持ちや思いを考えて，相手のためにすること」や「相手が本当に必要としているかよく考えてすること」などの意見が予想される。その子どもなりの経験も踏まえ，自分なりの考えをまとめさせる。

終末

　最後に，相田みつをの言葉（小話⑱）を紹介する。

> **ここが活用ポイント！**
> 　相田みつをの格言を黒板に掲示し，小話を話す。
> 　本時の授業をもとにさらに考えが広がり，深まるようにする。

　余韻を残して終わってもよいが，小話を聞いたうえであらためて，子どもたちに自分なりの考えをまとめさせ，本時の振り返りをして授業を終わりたい。

〈鈴木　賢一〉

中学年　おすすめ活用場面：終末（説話）
B−(8)　感謝

 感謝はエネルギー

> 不満はね，ストレスの素よ。感謝はエネルギーになるのよね。

　これは，女優をされていた森光子さんの言葉です。私はこの言葉を知ってから，自分が不満の気持ちをもちそうになった時，意識して思い出すようにしています。
　なんか嫌だなとか，なんでこんなことをしないといけないのとか，不満に思うことがあると，「感謝の心，感謝の心」と自分に声をかけてみます。
　すると，不思議なことに今まで不満に思っていたことが，「こうすることで自分の力になる。ありがたい」「自分にたりないことを教えてくれたんだ。ありがたい」と思えるようになって，心が落ちついてくるのです。
　自分でしてみるまでは，無理に感謝しようと思っても，それは本当の感謝ではないからだめだと思っていました。しかし，実際にやってみると，感謝するところが見つかったとたん，それは本当の感謝の気持ちになっているということに気づきました。
　その感謝の気持ちを言葉にして誰かに伝えるわけではないのですが，感謝の気持ちに切り替えるだけで，自分自身がなんだか幸せな気持ちになり，やる気がわいてくるのです。感謝の気持ちって不思議でいいものだなあといつも思っています。

低学年　おすすめ活用場面：導入
B−(8)　感謝

「ありがとう」の意味

　みなさん，「ありがとう」という気持ちをどんな時にもちますか。
　友達に助けてもらった時，ほしいプレゼントを買ってもらった時，ほめてもらった時，遊びに誘ってくれた時など，いろいろな時にもちますね。
　その「ありがとう」のもともとの意味を知っていますか。
　それは，こういう意味です。

　　ありがとう＝あることがむずかしい

　本当ならめったにないくらい難しいことが起こっていてすごいと思っていることを表しています。
　だから，「ありがとう」という感謝の気持ちがわいてくるのですね。
　この言葉をつくった昔の人たちは，人にしてもらうことを本当にすごく幸せなことだと思っていたのですね。
　今のみなさんは，どうですか。
　人からしてもらったことを，本当ならあるはずがないくらいすごいことなんだと思って「ありがとう」と思っていますか。
　「ありがとう」ってそういうすごい気持ちなんだということを今日，みんなでもう少しじっくり考えてみましょう。

小話⑳を活用した展開例

教材名 「ありがとうの気持ちをこめて」

💬 教材のあらすじ

　東日本大震災の後，つかさは1か月ぶりに一時避難していた町から自分の家に戻った。その途中，被害のひどかった町を通った時，その惨状につかさはショックを受ける。しかし，その中で黙々と作業をしている警察や自衛隊の人たちが，壊れたものを片づけたり，行方不明の人を探したりしてくださっていると聞く。その姿に心を打たれたつかさは，毎日朝と夕方，通学路に立ち，警察や自衛隊の人たちにあいさつを書いた紙を持ってあいさつをすることにした。あいさつをはじめて1か月経った頃，警察の方から応援してくれてありがとうというお礼の言葉をもらった。

💬 導入

　「ありがとう」をどんな人に対して思うことが多いか尋ねる。子どもからは家族や友達，先生，地域の方々など，普段顔を合わせることが多い人たちがあげられると考えられる。そこで「今日は，そんな『ありがとう』の気持ちについて考えてみよう」と投げかけ，めあてを立てる。

💬 展開

　教材を読んだ後，「このお話の中に『ありがとう』の気持ちはありましたか」と問う。子どもからは「つかさとお姉ちゃんから警察や自衛隊の人たちへ」と「警察の人たちからつかさたちへ」の二つの感謝の気持ちが出される

と考えられる。そこで，警察の人たちは，つかさに向かって「ありがとう」と言っているから，感謝の気持ちがあるんだとわかるが，つかさたちは「ありがとう」とは言っていないことを取り上げ，どうして，つかさたちが警察や自衛隊の方々に感謝の気持ちをもっていると考えたのかを問う。すると，子どもから「毎日１時間も立ってあいさつをするのは，感謝の気持ちがあるから」「あんなに大変なところで１日中働いてくれているから，ありがとうと思っている」「毎日，疲れているだろうから，自分たちのあいさつで少しでも元気になってほしい。それは感謝しているから」などの考えが出されると考えられる。

　そこで，「大変だと思うなら，自分たちも警察の人たちみたいに作業のお手伝いをすればいいんじゃないかな」と尋ねてみると，「自分たちは子どもだからできない。自分たちができない分，警察の人たちがやってくれているからこそ，ありがたいと思う」など，自分たちの生活を支えてくださっている人たちへの感謝の気持ちを見つめていくようになると考えられる。

　その後，「では警察の人たちは，なぜあいさつをしていたつかさたちに感謝していたのかな」と問う。それを通して，感謝の気持ちが相手の力になるということにも気づかせたい。

💬 終末

　自分の生活を支えてくださっている人たちへの感謝や，感謝されてうれしかったことなどがあるか問う。その体験を出し合った後，小話を紹介する。

ここが活用ポイント！

　感謝の気持ちは相手の力になるということに納得している状態で，この言葉を提示し，感謝の気持ちは自分自身の力にもなるということに気づかせ，感謝の心のすばらしさをより一層感じやすくする。

〈尾崎　正美〉

| 高学年 | おすすめ活用場面：終末（説話） |

B−(9)　礼儀

「守・破・離」の教え

> 守(しゅ)：基礎・基本を身につけること
> 破(は)：自分を振り返り，次に進むこと
> 離(り)：よりよい生き方を探すこと

　教材に茶道が例としてのっていましたが，みなさんは，千利休という人を知っていますか。利休は，"茶道"をきわめた人として知られています。
　利休は茶道の極意（極めつきの考え方）を「守・破・離」にあると言いました。利休によれば「守」とは現在までに明らかになっている茶道をしっかりと身につけるという意味です。別の言い方をすれば，"基礎・基本"をきちんと自分のものにする，自分の身につけるということです。しかし，ただそれだけで満足していては，それよりもっとよいもの，もっと美しいものへの進歩も発展もありません。身につけた基本を"打ち破り"，現状から"離れて"よりよいものを"創り出す"ことではじめて進歩や発展が得られるというのです。「守」の段階をいいかげんにしていきなり「破」「離」にいったらどうでしょう。それは，例えば，基礎工事をいいかげんにした土台の上に建物を建てたり，２階がないのに３階を造ったりするということになります。もちろん建物は崩れてしまいます。これは茶道の世界だけでなく，全ての分野に共通する原理だと思います。
　今日学習した礼儀に置き換えてみましょう。あいさつや返事，言葉づかいや服装，人との関わりまで，全てについて基本を身につける段階が小学校な

のではないでしょうか。礼儀は，心と形が一体となって表れます。基本を身につけて，はじめて「個性的な人柄」「ＴＰＯ（時と場所と目的に応じた態度）」が可能になるはずです。

「守・破・離」の教えは，いつの時代でも全ての分野に共通する礼儀の極意であり，よりよい生き方の極意といえるでしょう。

低学年　　おすすめ活用場面：導入
Ｂ－(9)　礼儀

「あいさつ」の意味って，知ってる？

今日は，あいさつの話をします。あいさつの「あ」は，明るいの「あ」です。あいさつの「い」は，いつもの「い」です。あいさつの「さ」は，先にするの「さ」です。あいさつの「つ」は，つながるの「つ」なのです。

明るい声で，いつも自分からするのが，あいさつです。そして，「おはよう」とか「ありがとう」で終わってはだめなのです。そこから，お話をつなげることが大切なのです。「今日も元気だね」とか「いい天気だね」とか「今日の雲は，わたあめみたいだね」「また一緒に遊ぼうね」など，楽しいお話を続けてみましょう。

みなさんは，誰とどんなあいさつをしているのでしょうか。

あいさつを面倒だと考えて，しなかったことはありますか。また，あいさつをしたのに返してもらえなかったことはありますか。その時は，どんな気持ちがしたかな。気持ちのよいあいさつとは，どのようなものなのでしょうか。

小話㉒を活用した展開例

教材名 「礼儀正しく真心をもって」

💬 教材のあらすじ

　他の人との関わりにおける習慣の形成に関する内容であり，状況をわきまえて真心のこもった適切な言動ができる子どもを育てようとするものである。具体的な例を参考にして，礼儀の形にこめられた真心について自分の経験を踏まえて考えるとともに，自分の生活の中で，どのように振る舞えばよいのかを考えるようにする。

💬 導入

　あいさつの意味について考えるとともに，心を伝える形について考えることを提案する。教材文の「心と心をつなぐあいさつ」「礼儀とは真心の表れ」「心を伝える『形』がある」という言葉をヒントに自分の体験をもとにして考え，自由に話し合う。

💬 展開

　茶道や柔道に見られる伝統的な礼儀作法を例にして，「礼儀とは真心の表れ」ということについて考え，今までの自分の振る舞いに真心がこもっていたかを振り返って話し合う。
　日常しているあいさつや言葉づかい，家族や友達，先生や目上の人に対して，どのようなことに気をつけているのか，実践している言動を振り返るようにする。

また，役割演技を取り入れてみてもよい。この時期の子どもは，礼儀のよさや意義について知識としては理解できていても，恥ずかしさなどもあり心のこもったあいさつや言葉づかいが行為として表れない場合もある。役割演技をすることで，接し方や行動を促す効果も期待できる。

　学習を振り返りながら，書き込み欄に，相手に心を伝える形にはどのようなものがあるかについて書き込む。ここでは，相手の立場や気持ちを考えて，心のこもった接し方ができるようにしたい。あわせて，今後，具体的にどのような振る舞いを心がけようと思うのかについても書くようにする。

💬 終末

　礼儀に対する意識を高めるために，自分の1日の生活の中にある礼儀を見直したり，茶道や武道など我が国に古くから伝わる礼儀作法を重視した文化にふれたりすることが考えられる。

ここが活用ポイント！

　歴史学習でも学んだ日本の文化の一つである茶道にふれ，千利休の「守・破・離」の話をする。「守・破・離」の教えは，礼儀の極意でもある。

　よい人間関係を築くためには，まず，相手に対して真心がこもった気持ちのよい対応ができなければならない。そのような対応は人としての生き方の基本であり，作法として教えることからはじまる。それをさらに，真心がこもった態度や時と場をわきまえた態度など，礼節をわきまえた行動へと深めていくことが必要である。礼儀作法の形にこめられた相手を尊重する気持ちと自分を見つめ直し，よりよい接し方ができるようにしていきたい。

〈三ッ木　純子〉

中学年　おすすめ活用場面：教材（補助説明）
B－⑩　友情，信頼

 切手の料金不足とは？

　みなさんは，「切手」って知っていますよね。はがきや手紙を送る時に使います。そのはがきや手紙を送る時に，決まった料金があることも知っていますね。はがきだと……62円。手紙（封筒）は82円が最低の料金です。（2019年7月現在）
　「最低」ということは，そうじゃない時もある，そう，手紙の枚数が多くて，重くなってしまうと82円じゃ送れないのです。また，封筒の大きさによっても違います。しかし，それだけではないのです。
　はがきも，大きさによって違うんですよ。知っていましたか？　普通のはがきより大きなはがきは料金が高くなるのです。そして，もし金額のたりない切手を貼って送った場合，どうなるのか，それは知っているかな？
　なんと，相手にこのような紙がついて届くのです（できればここで「郵便料金不足のお知らせ」のはがきを見せたいが，なくてもそれらしく書いた紙を見せるとよい）。これがついたはがきや手紙をもらった人は，不足分の料金を郵便局で払うか，切手を貼ってポストに投函することで，この手紙を受け取れます。そうでなければ，「この手紙は受け取りたくありません」と書いた紙を貼りつけて，届いた手紙をポストに投函するのです。そうすると出した人に戻ってしまいます。だからもちろん，手紙は読めなくなります。困ってしまいますよね。こうやって，手紙やはがきは日本全国に決まった料金で届けられるのですね。
　さて今日は後で，このように料金不足のおしらせがついたはがきを受け取ったひろ子さんがどんなことを思ったか考える道徳の学習をしましょう。

中学年　おすすめ活用場面：終末（説話）
B−⑽　友情，信頼

相手を思うこと

　私の小学生時代の話です。その頃，私にはお気に入りの服があって，わりと頻繁にその服を着ていました。それだけ洗濯の回数も多いわけですから，少し襟元が伸びていたり，色あせていたりしていましたが，自分では気に入って着ていたんです。
　ある時，とても仲がよく，親友と思っていたMちゃんが，「その服，そろそろ着ない方がいいんじゃない？」と言ってきました。以前，「その服かわいいね」と言ってくれていたのに，なぜ？と私はびっくりし，不機嫌になってろくに返事もせずその日は別れてしまいました。
　後になってわかったことですが，他の友達が私のことを，しょっちゅう同じ服を着ているので，他に服がないんじゃないかと馬鹿にしていたようなのです。Mちゃんはそれを聞いて，お母さんに相談したそうです。母親同士の話からそれがわかり，私も母から聞いたのですが，Mちゃんにありがとうと言うこともせず，何もなかったかのように，次の日からは普通に話していました。ただ，その服はあまり着なくなりました。
　Mちゃんは仲よしの私に，きっと機嫌を悪くするだろうなとわかったうえで，あえて忠告してくれたのです。怒るかもしれない，仲よしでいられなくなるかもしれないと思いながらも私のことを考えて言ってくれたのだと思います。
　その時のことを話したことはありませんが，Mちゃんとは今でも年賀状のやりとりをしています。

小話㉕を活用した展開例

教材名 「絵はがきと切手」

💬 教材のあらすじ

　転校してしまった仲よしの正子から「料金不足」のはがきをもらったひろ子は，その事実を伝えるべきか悩んだけれど，相手にとって不愉快なことでも本当のことを知らせた方が友達のためになると考え，知らせようと決意する。

💬 導入

　友達から自分のよくないところを言われて，悲しい気持ちになったことはないか，例えば宿題をきちんとやっていなかった時や，好き嫌いをして給食を残してしまった時に，そのことを指摘されて友達をやめたくなったことはないかと問う。その友達は，意地悪なのか。本当に仲がよいというのはどういうことかと投げかけ課題意識をもたせる。

💬 展開

　教材の範読後，ひろ子は正子からのはがきを見て，どんなことを感じたかと発問した。すると，「とてもきれいなはがきだ」「自分も行ってみたい」「きっと正子さんは，このきれいな景色を私にも見せたいと思って，送ってくれたのだろう」「料金不足なのは残念だ」とはがきをもらった時のひろ子の気持ちを想像して自由に発言していた。
　次に，正子に返事を書こうとした時にひろ子はどんなことを考えたかと発

問すると,「お礼だけ書こうか,料金不足のことを書こうか迷う」「不足していたことを伝えたらもう手紙をくれなくなるかもしれない」「お母さんの言う通り,お礼だけにしておいた方がいいかな」と,母と兄のアドバイスの間で迷うひろ子の気持ちを考えた発言が続いた。しかし結局料金不足のことを書くことにしたのはなぜかと問うと「他の人から聞いたら,きっと正子さんはどうして教えてくれなかったのかと思うだろう」「不足していたことを伝えてもきっと正子さんならわかってくれるはずだ」というひろ子の考えが出たので,そう決めたらひろ子の気持ちがすっきりしていることも押さえた。

そして,本当に仲がよいというのはどういう関係のことだろうと発問し,相手のことを考えて,相手にとって都合の悪いことでもきちんと言ってあげられる関係,自分にとってよくないこと,かっこ悪いことでも自分のことを考えて言ってくれたのならありがとうの気持ちで受け取れる関係,など子どもから出た言葉を使ってまとめた。

さらに今の自分は今日のひろ子や正子のように友達のことを考えて過ごしているか振り返りをした。

終末

教師の説話として,小話㉕の経験談を話した。

> **ここが活用ポイント！**
> 互いに思い合って,仲よくすることができた経験をさらりと話して終わる。
> 「みなさんもこれから……」とは言わず,子どもの中にほんわかとした余韻が残るように心がける。

〈仲川　美世子〉

高学年　おすすめ活用場面：終末（説話）
B−⑽　友情，信頼

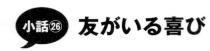小話㉖ 友がいる喜び

> 朋有り遠方より来たる　亦楽しからずや

　これは，孔子という方の教えをまとめた書物である論語の一節にある言葉です。意味は，「わかり合える友達が遠くから訪ねてきてくれる。なんと楽しいことではないか」ということです。この言葉は，約2500年前から時代の風雪に耐え，現代にまで伝わっています。
　約2500年前の人も，友達が訪ねてきてくれたらうれしかったのですね。
　友達と遊んだり，話したりするのを楽しいなと思うのは，いつの時代も変わらないようです。
　私たちの中には，友達を大切に思うことができる力が備わっているのかもしれませんね。
　私も，自分の結婚式の時，多くの友達が全国から駆けつけてくれました。中には，とても忙しくて，仕事を休むのも難しいはずなのに，私のために休みをとって遠くから駆けつけてくれた人もいました。
　心の中で「ありがたいな」と思ったことを今でも覚えています。
　みなさんは今，学校生活を過ごす中で，すぐ横には友達がいて，学んだり，遊んだりすることができています。
　この時間は，いつか振り返るとかけがえのない時間だと感じるのではないでしょうか。

高学年　おすすめ活用場面：導入
B-⑩　友情，信頼

 友達に支えられて

　私は友達に信じてもらい，助けてもらった経験があります。
　高校生の頃のことです。通学時間が長く，部活も一生懸命していたので，家に帰るとくたくたになってしまい，自分のやるべき学習に向き合いにくくなってしまった時期がありました。
　そんな時，私のことを心配した友達のA君が声をかけてくれたのです。「勉強，大丈夫？　わからないことがあるなら，勉強交換ノートをつくって一緒にやらないか」それに加えて，「しっかりとした勉強のリズムがつくれたら，きっと君なら大丈夫だよ」とも言ってくれました。急な提案に私はびっくりしました。
　その後，私とA君との勉強交換ノートは続き，苦手だと思っていた数学の勉強がおもしろくなっていきました。
　A君は数学が得意で，きっと勉強交換ノートの中身は，A君にとっては簡単なもので，あまり得になっていなかったはずです。それなのに，自分の大切な時間をさいてまで，私のことを思ってくれたのです。
　そんなA君とは，今でも仲のよい友達です。今は，遠く離れているけれど，私を信じて最後まで勉強につきあってくれたことは今でも忘れていません。もしも，A君との出会いがなければ，今の自分にはなれていなかったでしょう。
　みなさんの周りにもA君のようにあなたを思ってくれている人がいるかもしれませんね。

小話㉖を活用した展開例

教材名 「ロレンゾの友だち」

💬 教材のあらすじ

　ロレンゾの友達であるアンドレ，サバイユ，ニコライの三人は，ロレンゾが警察に追われているという噂を聞き，久しぶりの再会に際してそれぞれがどのように対応するかを話し合う。翌日，三人は警察に呼ばれるが，ロレンゾへの疑いは警察の手違いであったことがわかり，あらんかぎりの力で抱きしめ合い，再会を喜ぶ。しかし，三人で話し合ったことはロレンゾには伝えなかった。

💬 導入

　まず，友達についての既有の考えを出し合った。ここでは「友達ってどんな人のことを言うのだろう」と発問した。すると「一緒に遊ぶ人」「話が合う人」「やさしい人」などの意見が出てきた。そして，友達という存在に対する既有の考えを板書することで，教材を読んだ後に，三人の中で誰が本当の友達かを考える際の判断軸をもてるようにした。

💬 展開

　まず，教材の前半を読み，「三人の中で誰が本当の友達なのだろう」と発問した。ここでは，教材を分割して提示することで，ロレンゾのことを信じぬけなかった三人の思いを追体験できるようにした。
　すると，子どもたちは，アンドレ，サバイユ，ニコライの考えについて自

己の判断軸をもとに，本当の友達といえる行動をとっている人物とその理由を考えていた。

そこで，「あなたがロレンゾの友達ならどうするか」と発問した。そうしたことで，友情への理解を自分の経験と関わらせて考えることができていた。

その後，教材の後半を読み，ロレンゾが無実だったことを確認することで，三人の友達も，自分たちも，ロレンゾのことを考えたうえで葛藤して考えたが，「最後までロレンゾはやっていないことを信じぬく」という気持ちが欠けていたことに気づいた。

そして，「どうして，かしの木の下で話したことを三人とも口にしなかったのだろう」と発問した。そうすることで，友情は信頼関係があることで深まることに気づき，友達と互いに信頼し合いながら人間関係を築こうとする態度へ向かうことができていたように感じる。

終末

授業で学んだことを個々がまとめた後，全体で共有する。その後，論語の一節である「朋有り遠方より来たる　亦楽しからずや」を紹介する。そして，「この言葉は約2500年前から，今に伝えられているものです。いつの時代も友達を大切に思う気持ちは変わらないのですね」と伝える。

―― ここが活用ポイント！ ――
> 論語の一節と自己の経験をあわせて話すことで，友達を大切に思う気持ちは誰の中にもあり，それはいつの時代でも同じことに気づけるようにする。

そして，友達に対する思いを教師が自己の経験とつなげて話すことで，友達を思う気持ちは誰の中にもあることに気づくことができるであろう。

〈門脇　大輔〉

高学年　おすすめ活用場面：終末（説話）
B−⑾　相互理解，寛容

人の過ちを許すことができるのは，なぜだろうか？

> 寛大な心をもって他人の過ちを許すことができるのは，自分も過ちを犯すことがあるからと自覚しているからであり，自分に対して謙虚であるからこそ他人に対して寛容になることができる。
> 「小学校学習指導要領解説　特別の教科　道徳編」

　寛大とは，今，学習したように，心が広く，相手に対して思いやりがあり，むやみに人を責めないことを指します。他人の過ちを許すのは，寛大で心が広い行為です。

　ここで大切なのは，「他の人の過ちを許す」のは，相手を自分より下に見て「許してやる。どうだ，感謝せよ」というような気持ちや態度で行うのではないということです。

　人間は，どんなによりよく生きようと努力していても，時として，意に反して過ちを犯してしまうことがあります。自分も例外ではありません。だから，過ちを犯してしまった人を許すのは，自分も同じように過ちを犯してしまうことがあるから，と考えるからなのです。

　このように自分に対して，謙虚（つつましく，へりくだること）であるからこそ，他の人に広い心で接し，許すことができます。上からではなく，同じ立場で，相手に接することが大切です。

　また，自分も過ちを犯すことがあるとはいえ，「今回は，私が許してあげる。だから，次は自分を許してね。責めないでね」というような「取り引

き」のような意味でもありません。相手の過ちを自分の過ちのように捉え，相手に対して自分ができる精いっぱいのことが，「許す」という行為なのです。さらに，相手を責めずに許すと，相手のよさが，より一層見えるようになります。だから，互いに理解できるようになり，よりよい人間関係をつくることにもつながります。そういう意味でも，謙虚で寛容な態度は，「上からではなく，同じ立場」で行うことが大切なのです。

　実際には，人を許すことは難しいかもしれませんし，許さないことの方が重要な場合もあるでしょう。しかし，相手のためにも，そして，自分のためにも「広い心で人と接することができる人」になっていきたいものです。

[高学年]　おすすめ活用場面：導入
B−(11)　相互理解，寛容

垣根はどちらがつくっているのだろうか？

> 「垣根」は相手が作っているのではなく，自分が作っている。
> 　　　　　　　アリストテレス　古代ギリシアの哲学者
> 所収：『人生を動かす賢者の名言』池田書店，174ページ

　（「相互理解」がねらいの際に使う）この言葉は，古代ギリシアの哲学者であるアリストテレスが言ったとされています。「垣根」とは，相手と自分の間にあり，互いに理解し合えないようにしているものだと考えてください。今日は，互いの間にある「垣根」をとり払い，互いを理解しよりよい人間関係をつくっていくうえでどんな考えが必要なのか学習していきましょう。

小話㉘を活用した展開例

教材名 「銀のしょく台」

💬 教材のあらすじ

　教会に泊めてもらうも，銀の食器を盗んで逃げたジャンは，兵隊につかまり司教のところに連行された。司教は銀の食器はあげたと説明し，「この銀の燭台もあげたのに忘れていきましたね」と告げる。驚くジャンに司教は，「これは，あなたが正直な人間になるために使いなさい」とささやいた。

💬 導入

　「今日は，『許す心』について学びます」（学習課題）と言い，板書する。
　「友達があなたの消しゴムをなくしたらどうしますか？」と問う。
　人の過ちを許したり許せなかったりした経験を個別に想起することは難しいので，共通の具体的な状況（上記）を提示して，❶どんな気持ちか，❷どうするか，などについてペアで話し合わせる。その後，「消しゴムが出てこなかったら，相手を許せるか」と具体的に問い，「許すとはどうすることなのか」「実際に許せるのか」などについて発表させる。「なくしたのが，わざとかわざとでないか」「気に入った消しゴムかどうか」「謝ったかどうか」「仲よしかどうか」など，子どもの発言を捉えながら，条件や状況を具体的にしつつ，学習課題への興味や関心を高める。

💬 展開

　「司教が許した理由を考えながら読みましょう」と発問し，教材を読む。

「司教がジャンを許した理由は何でしょうか？」と発問して板書し、ノートに理由を書く。ペアで意見交換後、全体で協議する。「ジャンを正直な人にするため。（文章理解としては、こう記述している）」「牢屋に入れられるのがかわいそう。自分ががまんすればすむから」「姉や姉の子どもも喜ぶに違いないから」などの意見が出る。

「許すことは、ジャンのためになるのでしょうか？」と問い、話し合いを焦点化する。
・ためになる：司教の気持ちに応えるために正直に生きていくはずだ。
・ならない　：味をしめて、また盗みをするに違いない。盗みは許せない。
という大きく分けて二つの意見が出る。それぞれに賛成の意見をつけたしながら許すことの意味や難しさについて各自が自分の考えをふくらませる。

話し合いを継続する中で、「ジャンに司教（自分）の願いが伝わらないかもしれないこと」や「盗みを許すことは間違っているかもしれないこと」、また、「自分が兵隊に不正直な態度をとる（嘘をつく）ことでジャンに正直であることを願う」という矛盾にも気づいていながら、「あえてジャンを許すことで、心からジャンを救いたいと考えた」ことを共通理解する。

💬 終末

「司教の考えが理解できますか、学んだことをもとに書きましょう」と言い、自分事として学んだことを文章化して、「許す心」のまとめとする。

ここが活用ポイント！

司教の心の奥底にある「自分も過ちを犯すからこそ、過ちを犯した人を許したい」という考えを話して聞かせる。

人は誰であっても、過ちを犯すことがあるからこそ、過ちを犯した人を思いやり助けることは、人の生き方として尊いのである。

〈坂本　哲彦〉

中学年　おすすめ活用場面：終末（説話）
C－⑿　規則の尊重

　きまりではないけれど

> 最後に，こんなお話を聞いてください。
> 覚えている人もいるかもしれません。
> 2018年にロシアで行われたサッカーワールドカップ，日本が決勝トーナメント敗退となったベルギー戦の後の出来事です。

　試合終了のホイッスルが鳴った後，日本のサポーターは決勝トーナメント敗退のショックを隠せないまま，スタジアムで呆然と立ちすくんでいました。
　次にリベンジできるのは，4年後。その4年という時間は，はてしなく長く感じられました。
　しかし，その後，私たちの目を疑うような光景がありました。（画像資料を提示）日本のサポーターが，泣きながらスタジアムのごみを拾っているのです。そんなきまりは，どこにもありません。試合に勝ったのならともかく，負けたのに彼らは黙々とごみを拾い続けたのです。
　この光景に，世界中からコメントが寄せられました。「日本人はすばらしい！」「尊敬できる人々だ！」と。実は，この試合の後だけでなく，他の試合でも同じような日本のサポーターの姿がありました。
　しかし，ちょっと待ってください。彼らは，ほめられたいからあのような行動をしたのでしょうか。やらなければならないから，やったのでしょうか。
　もう一度言います。「サッカー観戦をしたら，他の人のごみも持ち帰りましょう」などといったきまりは，どこにも書かれていませんでした。

高学年　おすすめ活用場面：導入（読み聞かせ）
C−(12)　規則の尊重

 きまりは，なんのために？

> 授業のはじめに，こんなお話を読みたいと思います。
> みんなと同じ高学年の男の子が主人公です。
> その主人公である「ぼく」の気持ちを想像しながら，聞いてください。

　5年生の林間学校前のある日，ぼくは友人から，ある誘いを受けた。「俺たちがこの小学校にいたってことを，形に残したくない？　誰にも見つからないところに名前を書こうよ。そして，将来大きくなったら二人で見にこよう」

　ぼくは正直，自分の名前を書くのは嫌だった。嫌というよりは，不安だった。でも，すごく楽しそうでわくわくした。彼はずっとサッカークラブで一緒にがんばってきた親友である。その誘いを断るのは，申し訳ない。他の人にばれないように，ぼくたちが小学校でがんばってきた証を残したいと思った。さっそく，休み時間に二人で「どこに書くか。メッセージも残すか」ということを話し合った。もう頭の中には，林間学校のことなんて，これっぽっちもなかった。

　家に帰ってもドキドキはおさまらなかった。ごはんを食べている時も，お風呂に入っている時も，「どこに，どんなふうに落書きをするか」ばかりを考えていた。もう寝ようと布団に入った時，ふとぼくたちが将来，学校に落書きを見にくる場面を想像した……。大きくて重い何かがおなかの上にのしかかって，押しつぶされるようで，ぼくはその夜なかなか寝つけなかった。

小話㉚を活用した展開例

教材名 「雨のバス停留所で」

💬 教材のあらすじ

　よし子は雨の日におばさんの家に向かうため，バスの停留所前の軒下でバスを待っていた。バスが遠くの方に見えたよし子は，先にきて軒下に並んでいた人がいたけれど，走って先頭に並んでしまう。
　ところが，よし子がバスに乗ろうとした時，母が強い力でそれを制止し，列の後ろまで引き戻した。乗車後も，いつもと違って黙ったままの母の様子を見て，よし子は自分のとった行動について振り返る。

💬 導入

　「みんなの周りには，どんなきまりがありますか？」と発問する。
　子どもから出されたきまりを，学校・家・地域（その他）に類別する。また，書かれている（明文化されている）かどうかも，問い返しをするようにする。「きまり」といっても，その範疇は非常に広い。法律，ルール（罰則の有無），義務，マナー，良心にゆだねられているもの……あげていくときりがないことに気がつく。それと同時に，身の回りには「書かれていないきまり」が数えきれないほど存在することを知ることになる。導入では，きまりの意義についての関心を高めるよう工夫する。

💬 展開

　展開では，まず「よし子は，どうして先頭に並んだのでしょうか？」と発

問し，よし子の気持ちを考えることによって，登場人物への自我関与を促す。よし子の気持ちに共感する子どもも，絶対にそのような行動はしないし，したいと思ったこともないという子どももいるはずである。そのような意見が出された時に，一問一答式にするのではなく，子どもの考えを交流させたい。「Aさんの意見に対しての意見」を問うことで，対話的な学びが生まれる。

その後，「お母さんに引っぱられて後ろに並んだよし子は，どんなことを考えていたのでしょうか？」や，「窓の外をじっと見つめるお母さんは，よし子にどんなことを言いたかったのでしょうか？」と問い，母の思いや伝えたかったことを想像させることによって，自分との関わりで多面的・多角的に考えさせる。

💬 終末

「書かれていないきまりがあること」やそれらのきまりの大切さに気がついたところで，小話㉚を取り入れる。ただし，この段階で子どもたち全員が納得解をもっているとは限らない。モヤモヤして，スッキリしていない子どももいるかもしれない。

そのような課題意識を次時の学習に生かすことも大切である。授業の最後に学習の振り返りをさせる場合は，そのような思いも書かせるとよいだろう。

ここが活用ポイント！

日本のサポーターの心意気に着目させることが大切。
小話のようなすばらしい行動を，子どもに求めてはいけない。
画像資料を提示しながらしっとりと話すと，より効果的。

〈小泉　洋彦〉

低学年　おすすめ活用場面：導入〜課題の設定

C−⑫　規則の尊重

 規則（マナー）を守ること

　今日は，こんな写真を持ってきました。
　（給食の食器が乱雑に片づけられている写真を見せる。Ｂ４サイズあるいはＡ３サイズに拡大して，大きいものを用意する。実物の写真を撮れたら一番よいが，できなかった場合，教材「ごちそうさまのあとで」〔『小学校道徳読み物資料集』文部科学省〕にわかりやすい写真がある）
　どうですか？　こんなふうになっているのを見てどんな気持ちになりますか？
　給食当番さんや調理員さんはどうかな？
　これから食器を入れたい人も，困ってしまいますよね。
　みんなこれからも，こんなふうに食器を片づけてしまうクラスのままでいいかな？
　食器の片づけ方，食事のマナーやルールを守れないクラスのままでいいかな？
　（今のままでは嫌だ，よくない，という気持ちを引き出すことが大切）
　それでは今日は，マナーやルールを守るためには，どんな考えが大切か，ということを勉強しましょう。

※給食の食器でなくても，学級文庫やそうじ道具のロッカーの中が乱雑になっているなど，みんなで使う物や場所のルールが守られていない場面をわかりやすく提示するとよい。

低学年　おすすめ活用場面：終末
C－⑿　規則の尊重

 ルールを守っている話

　この間の雨の日の休み時間，職員室に戻ろうと思って廊下を歩いていた時のことです。
　雨の日って，廊下が少し濡れたようになっていてすべりそうなことがあるでしょ。その日もそんな感じでした。
　私のすぐ横を２年生ぐらいの子が走っていったのね。
　廊下って走っていいんだっけ？　だめだよね。
　それに，すべりそうな感じだったから危ないって思って注意しようと思ったら，向こうからきた高学年のお姉さんが，ぱっと手を出してその子を止めて，
　「廊下は走っちゃだめ。それに今日はすべりそうで危ないよ」
とやさしく注意してくれたんです。
　知らないお姉さんに止められたその子は少しびっくりしていたけれど，ちゃんと言うことをきいてその後は歩いていました。
　その時ちょうど曲がり角から他の子が歩いてきたから，もしそのまま走っていたら，その子とぶつかっていたかもしれません。
　ぶつからなくてよかった，誰もけがをしなくてよかった，と思ったのと，注意したお姉さんがニコニコしながら私の横を通りすぎていったのが，とてもよかったなと思って，なんだか私もとてもうれしくなりました。
　これで，今日の道徳の授業を終わります。

小話㉜を活用した展開例

教材名 「かくしたボール」

💬 教材のあらすじ

ボールけり遊びをするのにちょうどいい感じのボールを見つけた「ぼく」は、次の休み時間にもそのボールを使いたいと思って校庭の植え込みの中に隠してしまう。昼休みになって、6年生がそれを見つけている姿を見て、「ぼく」ははっとして何かに気づく。

💬 導入

日頃の様子を観察する中で、学校のきまりやマナーが守られていない場面を見つけておいたうえで、子どもに投げかける。さらに、次の小話㉜のような形で例を出し、本時の学習への必要感をもたせる。

> ここが活用ポイント！
>
> ルールやマナーを守れていない自分たちの姿に気づかせ、問題意識をもたせる。このままでは嫌だという気持ちを大きくさせて、本時の学習課題を一緒に考える。

💬 展開

教材の範読後、休み時間にボールけりをしている時の「ぼく」の気持ちを考えさせた。すると、「このボールはとてもいいから楽しい」「ボールけりがうまくなったみたいだ」「これを使えばもっと上手になれる」「この次もこの

ボールを使いたい」など、楽しさを味わっている時の「ぼく」の思いを想像した発言が出た。

　次に、ボールを隠そうとして、看板を見た時、「ぼく」はどんなことを考えたかと発問すると、「隠したら怒られるかな」「隠したらいけないのはわかっているけれど次の休み時間もこのボールを使いたいな」「誰にも見つからなければいいだろう」など、いけないことだとわかっているけれど自分の都合を優先させたくなってしまう葛藤する気持ちを想像することができた。

　そのうえで、6年生がボールを見つけた時にはっとした「ぼく」はどんなことを考えたかと発問すると、「しまった、見つかってしまった」「怒られたらどうしよう」「6年生に片づけさせて迷惑をかけてしまった」と、自分のことにしか目がいかない発言が続いたので、「ぼく」がやったとは気づかれていないみたいだし、少しぐらいならいいんじゃないか、と自分の楽しさを優先する側に立ち、揺さぶりをかけると、「自分一人ぐらいいいやと思ってみんながやったら、ボールがなくなってしまう」と、きまりを守る大切さに気づく発言が出たので、「きまりを守らないとみんなも自分も困ることになる」と価値をまとめることができた。

　それから、今の自分はみんなが困る、自分が困ると思って学校のきまりやルール、マナーを守ることができているか、そういう考えをもっていたか、振り返りをした。

💬 終末

　そうじの後、丁寧にそうじ道具のロッカーの中のほうきやちりとりを整頓していた子どもの話をし、どうしてそうしたのかを尋ね、次に使う時にみんなが使いやすいから、という答えによりあたたかい空気になったところで授業を終了した。

〈仲川　美世子〉

高学年　おすすめ活用場面：展開（中心教材として）
C−⑬　公正，公平，社会正義

 まっすぐな少年は大リーグに

> 「いじられている人」は，本人も楽しんでいる……，本当だろうか。
> 「いじめ」も「いじり」も，根本的な構図は同じである。
> 正しさを判断し，それをやめさせる行動へ──それが正義である。

　新聞に，あるお母さんからの手紙（投書）がのっていました。
　こんな内容です。
【前半】
　うちの息子は，小学生の頃，周りの友達をよく笑わせるおもしろい子で，いわゆるクラスの「いじられキャラ」でした。本人もそのことを楽しんでいるように見えたので，私もさほど心配してはいませんでした。
　ある日の休み時間のことです。いつものように教室で友達数人とふざけて遊んでいました。ところが，いつものいじりがだんだんとエスカレートして，息子がもうつらいと思ってしまったことがありました。本人が「嫌だ，やめて！」と言えばよかったのでしょうが，複数の友達に囲まれてしまっていたので，なかなか言い出せなかったようです。
　その時，
「もう，ええやろ。やめたれや」
と言って，家が近くて仲のよい友達の田中君が止めてくれました。体が大きく，野球をしていた田中君は，嫌なムードの教室から，
「行こうぜ」

と息子をグラウンドに連れていってくれました。
「ありがとう」
と息子が言うと，
「えっ，なんで？」
と言って笑ったということです。
【後半】
　その後，私も田中君に，
「あの時は，ありがとうね」
と言いましたが，照れくさそうに笑っていました。彼のお母さんにもお礼を言ったところ，
「そんなことがあったんですか。きっと息子は，それが正しいと思ったのでしょうね」
と笑っていました。
　そんなふうに育てられたからまっすぐなんだなと，私は感心させられました。今でも感謝している彼は，田中将大君。大リーグ，ニューヨーク・ヤンキースの投手として，一歩を踏み出しました。

※朝日新聞「声」2014年2月25日付朝刊
　（Ｔさんの投書「真っすぐな少年は大リーグに」をもとに作成）

・田中将大(たなかまさひろ)投手
　兵庫県伊丹市出身。2006年，第88回全国高等学校野球選手権大会では，駒大苫小牧高校のエースとして活躍し準優勝。
　2007年，東北楽天ゴールデンイーグルスに入団。2013年には，シーズン24連勝（無敗）の快挙を成し遂げ，最多勝，最優秀防御率，勝率第1位投手を獲得し，チーム（楽天）も日本一となる。
　2014年，大リーグのニューヨーク・ヤンキースに入団。現在に至る。

小話㉞を活用した展開例

教材名 「『いじめ』と『いじり』」

💬 教材のあらすじ

　クラスの中で「いじられキャラ」だった男の子は，ある日，「いじり」がエスカレートしてつらい思いをしていた。そんな時，友達の田中君が「いじり」をやめさせてくれた。
　彼の名前は，田中将大（現在，ニューヨーク・ヤンキースで活躍中）。田中投手の少年時代の実話である。

💬 導入

　各社の教科書には，いじめ問題に関する教材が必ず掲載されている（教科書作成の段階で，「いじめ問題」の教材を入れるように要望された）。その教材文を読み，
　「今日は，『いじめ問題』について考えましょう」
と，学習のめあてを明示する。
　教科書教材を導入段階で使用する展開例である。

💬 展開

　小話㉞「まっすぐな少年は大リーグに」の前半を読み聞かせる。そして，
　「いじめと似ている言葉が出てきましたね」
と問う。（→いじり）
　黒板に，【いじめ⇔いじり】と二つの言葉を対比させて書き，

「二つの言葉を比べてみましょう」
と話す。出された意見は，「似ているところ」「違うところ」に分けて板書していく。
　「いじめ」と「いじり」について整理したら，次の発問へと進む。
　「この場面（田中君が「ぼく」に対する「いじり」を止めてくれた場面）を，みなさんはどう思いますか」
　子どもたちからは，「田中君の行動に対する意見」「『ぼく』の心情に関する意見」「学級の『いじり』についての意見」が出されるだろう。内容ごとに板書で整理し，意見交流を行う。
　「田中君は，どうして『えっ，なんで？』と答えたのでしょうか」
　友達への思いや，正しいことを行うのが当然だと考えている彼の正義感などについての意見が出されるだろう。
　発言が出つくしたら，小話㉞の後半を読み聞かせ，田中君というのは，少年時代の田中将大投手であることを伝える。野球の試合で活躍している田中投手の写真や映像を準備すると効果的である。

💬 終末

「今日の授業で自分が考えたことに題名をつけて書きましょう。題名には，必ず『いじめ』『いじり』という言葉を入れます」

―ここが活用ポイント！―
> 　教科書教材で学習のめあてをはっきりともたせ，小話㉞のエピソードを通して，具体的な場面での判断や行動の仕方について考えさせる。

　「いじめ問題」は，最終的には美意識の問題である。「いじめはカッコ悪い」と感じる美意識をもっている子は，いじめ（悪質ないじり）などは行わない。小話㉞は，美意識の在り方を学べるエピソードである。

〈佐藤　幸司〉

中・高学年　おすすめ活用場面：終末
C −⑬　公正，公平，社会正義

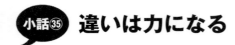
違いは力になる

> 　先生が昔見たポスターに「『世界』というフィールドで『違い』は，力になる。」というメッセージが書いてありました。サッカー選手がのっていたポスターです。それを見た時「この考え方だったらいじめはなくなるかもしれない」と思ったのです。

　金子みすゞさんの「わたしと小鳥とすずと」という詩を知っていますか。あの詩の中に「みんなちがって，みんないい」というところがありますね。みんなが違うことはいいことなんだということはその詩を学習しながらでもよくわかったのですが，みんなちがって，みんないいのその先は，実はイメージしにくかったのです。
　そんな時にこのポスターに出会い「『世界』というフィールドで『違い』は，力になる。」というメッセージを読んだ時，「これだ」と思ったのです。みんなちがって，みんないいのは力になっていくからなんだと考えることができたからです。
　今日の学習のようにみんなと一緒という感覚を無理強いすると「いじめ」や「差別」に発展してしまいます。公正，公平な態度につながるのは「『違い』は，力になる。」ということです。この思いをもって「いじめ」や「差別」をなくしていきたいですね。これからもそれぞれの違いを力に変えながら，クラスや学校をよりよくしていけたらいいなと思いました。

高学年　おすすめ活用場面：終末
C－⒀　公正，公平，社会正義

相手への想像力をもって

> 先生が昔教えてもらって印象に残っている言葉があります。
> 「常に相手への想像力をもって，行動しよう」という言葉です。
> この言葉は差別やいじめに関してもあてはまることだと思ったので，お話ししておきたいと思います。

　相手への想像力をもつというのは，「もしこんなふうに言われたら，どう思うのかな」というように相手の立場に立って考えようとすることです。

　ほんの少し相手の気持ちを想像することができれば，いじめて相手を傷つけることはなかったかもしれません。その想像力があれば，「いじめ」を減らすことができるかもしれません。相手の気持ちを想像できないから「いじめ」は起きてしまうのです。

　今回のお話もそうです。いじめる側が相手の気持ちを想像できていたなら，きっとそんなことはしなかったはずです。今回のお話でみなさんはいろいろなことを想像しましたね。この授業を進めていく中で，いじめられている人に共感し，いろいろな気持ちを想像することができました。それが公正，公平な態度につながります。

　その想像力をいつも引き出し，公正，公平な態度をとることができれば，きっといじめることはないと思います。クラスでたくさん意見を集めていき，想像力豊かに人と関わり，楽しい時間を過ごせるといいなと思います。

小話㊱を活用した展開例

教材名 「泣き虫」

💬 教材のあらすじ

　藤井君をクラスみんなでいじめていたことがあり，中心でいじめていたトオル君がエスカレートしていった。それを「泣き虫」というあだ名をつけられた勇気君が止める。みんなは大事なことに気づき，生まれ変わったように楽しいクラスになった。

💬 導入

　「いじめをなくすために大切なこととはどんなことですか」という発問からはじめた。今現在の知識，心の中にあるものなど，実態を把握するためである。「相手への思いやり」「お互いの違いを認め合うこと」「善悪の判断をすること」など，子どもたちは思い思いの発言をした。それに対して特に掘り下げることはせず，すぐに「誰にでも公正，公平な態度でいるために必要なのは，どんな気持ちだろう」というめあてに沿って学習を進めていくことにした。

💬 展開

　教材はかなり長い話である。読んだ後，「このいじめの状況を聞いてどう思いますか」と批判的な発問をした。いじめは絶対にしてはいけないということを感じさせるためである。
　「ひどいな」「誰も声をあげないなんておかしい」「声をあげられる雰囲気

ではなかったのが怖い」「このクラスにはいたくないな」という意見が出てきた。本当に何も言えないような人ばかりなのかと再度切り返すと，「きっとトオル君に誰も言えなかったのだろう」という発言もあった。それも踏まえ「勇気君に，『みんな，みんな，ひきょう者だ！』と言われた時，『私』はどんなことを思っていたでしょう」とすかさず問うと「たしかにだめだと思う」「本当は言いたかったけどみんなが言わないから」というように主人公の「私」に共感し，自分の弱さについての発言があった。

最後に「『全く，勇気くんは変な子です。全く勇気くんはすてきです』という言葉には，『私』のどんな思いがこめられているのでしょう」という発問をした。ここではじっくり時間をとって一人一人ワークシートに記入させた。「勇気君は泣き虫だけどクラスを変えてくれた素敵な人だ」「勇気君がきてくれてよかった」「みんなの気持ちを引き出してくれたすばらしい人」「誰にでも同じように接することの大切さを教えてもらった」など前向きに進むことの大切さを引き出すことができた。

💬 終末

終末で小話㊱を活用してめあてに沿った話を伝え感想を書かせた。我がこととしていじめに向き合った感想が多くあった。

---ここが活用ポイント！---
いじめを取り扱った授業であれば，この小話をすることで知識を与えるだけでなく，「相手の立場に立って考える」という高学年の発達段階に沿った指導もできる。また，感想の前にこの小話をすることで，教材と身近にある話を振り返って書くことができるようになる。

〈鎌田　賢二〉

高学年　おすすめ活用場面：終末
C －⑬　公正，公平，社会正義

 松下村塾と吉田松陰

　　江戸時代は，藩校，寺子屋，私塾といった学校がありました。藩校は，殿様が中心につくった学校で，そこで勉強できるのは，武士の子どもたちなどに限られていました。身分が低いとされる人は，寺子屋や私塾で学びました。しかし，私塾にもすばらしい教育を行う学校がありました。

　江戸時代の識字率（文字の読み書きができる人の割合）は高く，当時の世界ではトップクラスでした。寺子屋や私塾のおかげとも考えられています。この私塾で有名なのが，松下村塾，咸宜園などです。二つの塾に共通していたのが，「勉強したい」と希望した人をほとんど受け入れたことです。身分や出身，年齢などに関係なく，誰でも平等に学ぶことができました。特に，松下村塾で教えていた吉田松陰は，入塾している全ての人のよさを見つけ，ほめてあげることで有名でした。例えば，伊藤博文に対しては「人と人をつなぎ調整する力が優れているかもしれない」と，そのよいところを見つけました。そして，誰に対しても分け隔てなく接し，愛情を注いだそうです。（ちなみに，伊藤博文はその後初代内閣総理大臣になりましたね）

　私たちは，とかく人を肩書き（職業や年齢）で評価したり決めつけたりして，態度を変えてしまうことがあります。人がらや性格，がんばっているところを認めようとしないのです。こうした見た目や思いつきだけで，友達や人を決めつけたり，接したりしたらどうなるでしょうか。きっと，元気の出ないさみしい学校や社会になってしまう気がします。私たちも，先入観や偏

見をもつことなく，その人のよさを認め，誰も差別したり，仲間はずれにしたりすることない公正，公平な社会をつくっていきたいものですね。

C −⒀　公正，公平，社会正義

小話㊳ お互い様

> 美しい言葉 「お互い様」

　私のとても大好きな言葉に「お互い様」があります。その言葉の由来を調べてみました。すると，「お互い様」という言葉は，昔から日本にある，人にやさしくしたり，相手のことを考えたりする美しい言葉だということがわかりました。助け合ったり協力したりする時などによく使われます。しかし，この言葉には，もっとたくさんのあたたかい意味がこめられている気がします。

　まず，「様」という言葉は，相手を尊敬しています。「私にとってあなたは，とても大切な人です」と伝えているようです。次に，「お互い」という言葉を使って，「私とあなたは仲間です。いつまでもよい関係でいましょう」と言っているようです。そして，「私もあなたも同じ人間で，同じ立場です」と両者が対等で平等であることを強く言っているように思います。

　「相手を尊敬し，仲間として，平等に接し，ともに協力し合って生きていきましょう」という意味がこめられた「お互い様」という言葉と気持ちを，いつまでも大切にしたいです。

小話㊲を活用した展開例

教材名 「わたしには夢がある」

💬 教材のあらすじ

アメリカでの人種差別撤廃運動に尽力したマーティン・ルーサー・キング・ジュニア牧師が主人公の伝記的読み物教材である。差別が公然と存在していた1960年代、マーティンは不当な逮捕や差別の廃止を訴え反対運動を行った。尊敬と平等を求めたあくまでも非暴力の運動を貫き、多くの賛同者と協力者を募りながら活動を進めた。次第に運動の規模や地域が広がり、多くの群衆が参加するようになった。「全ての人間が平等である社会の実現」というマーティンの夢の実現に向かってアメリカ合衆国は歩みだした。

💬 導入

「自分が嫌な気持ち、不快な気持ちになるのは、どんな時でしょう」と投げかけた。子どもたちからは、「人に嫌なことをされた時」「勉強や運動がうまくいかなかった時」など様々な意見が出てきた。さらには、「家でお手伝いを私だけがさせられる時」といった意見も出てきた。このように生活経験の中からも「不当な扱い」をされると、不快な状態になってしまうことをクラス全体で共有した。そして、教材の範読に入った。

💬 展開

一読後に、まず子どもたちと「不当＝不平等（差別）」を確認した。本時の話し合いの中心を「平等で差別のない社会のために」と焦点づけたかった

からである。まず不当逮捕されたローザの事件に対して発問し，考えたことを話し合った。すると，「なぜ，黒人だけ差別されなければならないのか」「自分だったら抗議する」といった意見が出てきた。そこで，「不当な逮捕→差別・偏見→抗議（反対運動）」という思いがあることを確認して次の発問（中心発問）を「マーティンの夢と行動に，みなさんは思うことはありますか」とつなげた。次に，マーティンの行動について尋ねた。すると「行動力がすごいし多くの人が参加してびっくりした」との声に加え，「仕返し（暴力）をしないで戦ったことがすごい」との意見が出された。その後，「マーティンの夢」について考えた。子どもは，「誰もが平等で，差別をしない」「黒人も白人も仲よくする」「肌の色で差別しない」などと回答した。

💬 終末

終末では，本時の説話（小話）と振り返りをあわせて時間を20分に設定した。教材文のみでは，他国の話という思いがあり自分事として捉えられない子どももいるからである。そこで，次のような教師からの言葉を添えた。

> ┌─ ここが活用ポイント！ ─
> 「みんなの住む日本でも，昔から差別をしない，公正，公平に生きるための学校やその考えをもとにつくった学校があるんだよ」と投げかけ，自分たちの問題や生活に意識づけていく。その後，小話をする。

小話の後，「この話をしたのは，日本とアメリカを比較するためではなく，分け隔てなく接するという行動は，する方もされる方も，ともに人として大きく成長していくということを心に刻んでほしかったからです」と補足した。その後 感想を発表し合い，振り返りシートに「気づいたこと，考えたこと，生かしたいこと」を記述した。小学校卒業を間近にひかえた（2月末実施）子どもが，社会的差別や不正を許さない「公正，公平，社会正義」に対する意識や態度をもつことができた授業になった。

〈尾身　浩光〉

中学年　おすすめ活用場面：導入
C −⑭　勤労，公共の精神

小話㊴ 「はたらく」ということ

> 「はたらく」という言葉は，「『はた』が『楽』」ということ

　「はたらく」という言葉を，このように説明することがあります。
　みなさんは，「『はた』が『楽』」ということの意味がわかりますか。
　「はた」は，漢字でかくと「傍」になります。この漢字の意味には「そば」というものがあります。つまり，「『はた』が『楽』」とは，「そばにいる人を『楽』にする」ということになるでしょう。昔の人は，「はたらく」ということに，こんな価値を感じていたのですね。
　みなさんも，今日の学習の中で，「はたらく」ということについて考えてみましょう。
　昔の人が言う「はたらく」ということが，「そばにいる人を『楽』にする」ということならば，「そばにいる人」とは，いったい誰のことなのでしょう。「楽」にするとは，どういうことでしょう。
　また，「はたらく」ということには，昔の人が考えた以外に，ねうちはないのでしょうか。
　みんなで考えてみましょう。

高学年　おすすめ活用場面：終末
C −⒁　勤労，公共の精神

他人のために何かをすることの意味

> 他人のために何かをするのは，この地球上に住まわせてもらっている家賃を払うのと同じことさ

　これは，アメリカの元プロボクサー，モハメド・アリの言葉です。
　地球に人として生まれたこと，それ自体が幸運なことだから，そのことに感謝し，家賃を払うということです。
　アリの言う地球上に住むための家賃は，誰でも払えるものです。自分にできる範囲で他人のために何かできればよいということです。
　私は，この言葉を知ってから，自分の心が少し楽になった気がしました。「他の人のために何かした方がいい」とわかっていても，つい目の前の忙しさに必死で，自分にゆとりがないからできなくて，イライラしたり，情けなくなったりしていたのですが，アリの言葉を知ってから，地球という大きな世界の中で自然体でいればいいんだ，自分にできることを自然にやればいいんだと思うことができるようになったからです。
　「やってあげている」ではなくて，自分が自分にできることを自然に誰かのためにできた時，相手の喜びも，自然に受け止めることができて，自分もうれしくなる気がしました。
　みなさんも，今日の学習と，モハメド・アリの言葉から，「働くこと」について，あらためて考えてみてください。そして，これから先，悩んだ時に，アリの言葉を思い出してくれるとうれしいです。

小話㊟を活用した展開例

教材名 「ぼくの草取り体験」

💬 教材のあらすじ

「ぼく」は学校の草取りや，公園の草取りを適当にすませていたが，ひろし君の一生懸命に草取りをする姿や，ひろし君の言葉から，働くことの大切さに心を向けはじめる。そして，「ぼく」は，自分がきれいにした公園で楽しそうに遊ぶ１年生の姿を見て，みんなのために働くことのよさを感じ取っていく。

💬 導入

「『はたらく』ということについて考える」ということを伝える。

┌─ ここが活用ポイント！ ─────────────────┐
・「はたらく」とひらがなで板書し，「傍(はた)が楽」「そばにいる人を楽にする」と併記する。その横にスペースをとっておき，自分たちで考えていくということを意識させながら，小話㊟をする。
・子どもが考えるための方向づけであるので説明が多くなりすぎないように注意する。
・終末で活用することを意識して，問題提起として扱う。
└─────────────────────────────┘

💬 展開

「学校や公園で草取りをしていた時，はじめの頃，『ぼく』はどんなことを

思いながら，草取りをしていたか。また，ひろし君を見て，どんなことを考えていたか」と問う。

子どもからは，「面倒だなあ」「適当にすませておこう。はやく終わらないかな」「どうしてそんなに丁寧にやるんだろう。草なんてすぐに伸びるのに」「すごいなあ。自分にはできないな」などの言葉が出る。

次に「『ぼく』がさっきよりも丁寧に草を取りはじめたのは，何に気づいたからか」と問うと，「自分たちのために，大人の人たちが，今まで草取りをがんばってくれていたこと」「ひろし君も，みんなのために草取りをしようとがんばっていたこと」などの声が出る。

そして，「小さい子たちの笑い声で，『ぼく』がうれしくなったのはなぜか」と問う。子どもからは，「自分が働いたことで，喜んでもらえたから」「やったかいがあったから」などの考えが出る。

最後に，「自分も，みんなのために働いたことがあるか」と問う。

💬 終末

「傍が楽」に戻って，「傍(はた)」とは，誰のことだと考えたか，「楽」についても，どういうことだと考えたか，発表させ，「はたらく」ということの意義について，考えを整理したり，深めたりさせる。

また，冒頭で投げかけた「昔の人が考えた以外のねうち」についても考えさせることで，自分自身の喜びに関することについての考えも加わっていくことが予想される。

最後は，一番はじめに板書した「傍(はた)が楽」の周りに書き加えていく形をとり，自分たちの考えが，深まったり，広がったりしたことを実感として捉えさせたい。

〈龍神　美和〉

高学年　おすすめ活用場面：終末（説話）

C−⑭　勤労，公共の精神

誰かが働いてくれているから，人は暮らせる

> 　もしも，日本全国みんながいっせいにお仕事も学校も休みになったらどうなるでしょう。

　休日，どこかに買い物に出かけたり，遊びに行ったりすることがあると思います。私たちが，休日にそのようなことを楽しめるのは，そこで誰かが働いてくれているからです。

　もしも，みんながいっせいに仕事がお休みになってしまったら，買い物もできなければ，遊園地などにも行けません。

　朝・昼・晩と24時間休みなく誰かが働いて，私たちの暮らしを支えてくれているのですね。例えば，夜中でもお店が開いていて，急に必要なものがあれば手に入る時代になりました。また，水道や電気だって夜中でも使えます。それは，遅い時間に働いてくださっている人がいるからですね。

　そして，働いている方は，仕事を通して，世のため人のために役立っています。

　いつか，みなさんも働く日がやってくることでしょう。自分が働いている時，誰かを幸せにしていると考えてみると，仕事が素敵に思えます。

　将来，どこかで誰かの暮らしを支える人になっていってくださいね。

高学年　おすすめ活用場面：終末（説話）

C−⑭　勤労，公共の精神

 働くとは，傍(はた)を楽にすること

　みなさん，働くという言葉は，どのような成り立ちでできたか知っていますか。語源には諸説あるそうですが，先生は以前，お世話になっている方から次のように聞きました。

> 「働くとは，傍(はた)を楽にすること」

　傍(はた)とは，周りという意味だそうです。つまり働くとは，周りの人を楽にすることだそうです。
　先生は働くのは自分の成長のためという思いが強かったのですが，この言葉を聞いて，自分の仕事で周りの人を楽にすることができているとしたらすばらしいなと思うようになりました。
　実際に，世の中ではたくさんの方が様々なお仕事をされています。その一つ一つのお仕事が，世の中の人々を支えています。傍(はた)を楽にしているのです。
　みなさんの身近にいらっしゃる，働いている方をよく見てください。きっと，誰かのためになっていることでしょう。
　みなさんも実はすでに，傍(はた)を楽にしているかもしれませんね。
　例えば，学校生活の中での，当番や係などの仕事などです。きっと，あなたに支えられている人もいることでしょう。
　誰かのために働けるって，すばらしいことですね。

小話㊷を活用した展開例

教材名 「横浜港のガンマンの思い」

💬 教材のあらすじ

　横浜港のガントリークレーンの運転手として働く上圷茂さんは，働きはじめた頃は，スピードを重視して速さを評価されることにプライドをもっていた。しかし，自分がスピードを求めるあまり，仲間を苦しめていたことに気づく。それからは，やさしい運転を大切にし，荷物を待っている人たちのために働いている。

💬 導入

　まず，「仕事をするうえで大切だと思うことは何ですか」と発問した。なぜなら，子どもたちは実生活で様々な仕事をする機会があるからだ。すると子どもたちは，「責任をもつこと」「やりきること」など，自己の経験の中から大切だと感じていることを発言していた。いくつかの考えが出されたところで，「今，出てきた考え以外にも大切なことはないか考えてみましょう」と提案した。

💬 展開

　教材を読んだ後，上圷さんの生き方ですばらしいなと思ったことを発表させた。子どもたちは，上圷さんの人柄や考え方からそのよさを発言していた。「人に気をつかえるところ」「自分だけよければいいのではないところ」などが出てきた。

そして,「本当にうまく操作できる者はほんの数人といわれていますが,上坪さんはどうでしょうか」と発問した。すると子どもたちは,周りの人のことを考えた働き方に着目し,上坪さんが本当にうまく操作できる者である理由を述べていった。そうしたことで,仕事では,自分のことだけを考えるのではなく,他者との関係も大切であることに気づいたようであった。
　その後,「働くことのよさって何でしょう」と発問することで,働くことのよさについて多面的・多角的に考えられるようにした。「みんなの手助けができること」「世のために全力で働くことで,自分のためにもなる」「人が幸せになる」などの考えが出てきた。
　最後に「では,最初に考えた仕事をするうえで大切だと思ったことにつけ加えるとしたら何でしょう」と問いかけた。ここでは,「世のため人のためにという意識」「周りを信頼すること」などが出てきた。

💬 終末

　仕事をするうえで大切にしたいことをつけ加えた後,「働く」の語源について紹介する。その際,「働くとは,傍（はた）を楽にすること」と板書する。
　そして,「傍（はた）とは,周りという意味だそうです。働くとは周りの人を楽にすることだそうです」とその意味を伝えるとともに,この言葉に教師が影響を受けたことも伝える。

> **ここが活用ポイント！**
> 　子どもたちの思考の文脈に沿って,子どもたちが考えたことを語源という形でわかりやすく価値づけられるようにする。

　こうすることで,上坪さんの生き方から学んだことと,語源とがつながり,働くことの大切さが腑に落ちるであろう。

〈門脇　大輔〉

高学年　おすすめ活用場面：終末（説話）
C−(15)　家族愛，家庭生活の充実

小話㊸ 遺産という言葉から想像するもの

　年老いて変わっていってしまうこともあるかもしれませんが，家族はずっとつながっているのです。昔のおばあちゃんを知っているのは，家族です。そして，おばあちゃんとの思い出を大切なものとして受け止めているのも，家族です。
　遺産という言葉があります。みなさんは，何を想像しますか。遺産相続というと，その家の財産やお金のことが思い浮かびますね。
　たしかに，遺産とは残された財産ですが，私はお金のように手にとれるものだけではないように思うのです。その家のしきたりや文化の継承も立派な遺産だと思います。代々，その家で受け継がれてきたことや言われてきたこと，大切に守られてきたことこそ尊いものだと思います。目に見えないものも財産なのです。

　私の祖父は料理人でしたから，食べ物をとても大事に扱っていました。めずらしいものや旬の食材など，いつもたくさんの食材がありました。食べ物を粗末にしたり，残したりするとひどくしかられました。
　毎月1日には，神棚に初水をお供えするとか，月がかわると床の間の飾りや花をかえるとか，魚を焼く時は庭で七輪に火を入れるとか，その家々でのしきたりや習わしのようなものがあると思います。
　私の家では，その年，はじめて口にするものやおいしいものを食べた時は，東を向いて笑え，と言われました。そうすると，またそれを食べることができるのだそうです。迷信のようなものかもしれません。

我が家のひな祭りの話をしましょう。ひな祭りになると，おひなさまが三つ飾られます。おばあちゃんのおひなさま，お母さんのおひなさま，私のおひなさまです。ひな壇が三つ飾られるとさすがに立派で，近所の方はみんな見にきてくれました。ひな祭りの日は，おじいちゃんがちらし寿司とはまぐりのすまし汁と豆大福をつくりました。そして，見にきてくれた方に振る舞いました。我が家の一大イベントでした。ご近所の方は，おじいちゃんのごちそうが目当てだったのかもしれません。ちらし寿司は，ひし形の折に入って，色合いもとてもきれいで，おいしかったです。その時，私は豆大福を丸める手伝いをしました。
　懐かしい家族の思い出です。今では，祖父も祖母も父も母も，みんな亡くなってしまいました。ご近所の方にごちそうを振る舞うこともしていませんが，おひなさまを飾ることは毎年続けています。祖父が亡くなった後，母が後を継いで，ごちそうを振る舞っていましたが，私のところで途切れてしまいました。けれど，豆大福だけはつくり方を覚えています。豆大福をつくると，楽しくにぎやかだった頃が思い出されます。懐かしい味もよみがえってきます。おいしいものを食べて，東を向いて笑う習わしも続いています。
　東は，太陽が昇る方向です。笑うと福がくると言いますから，幸せがやってくるおまじないなのかもしれません。これらの習わしは，これからも続いていくことと思います。

　みなさんの家にも，たくさんの遺産があるはずです。命が祖父母から父母へと続くように，たくさんのものが受け継がれています。それぞれの家族の文化をぜひ探してみてください。思い出のアルバムや古い写真，装飾品などから，家の歴史や習わしが見えてくると思います。次に受け継いでいかなくてはならないものが，きっと見えてくると思います。

小話㊸を活用した展開例

教材名 「祖母のりんご」

💬 教材のあらすじ

　この頃，祖母の様子がおかしい。同じことを繰り返すようになり，いろいろなことがわからなくなり，家族のことも自分のこともわからなくなってしまった。しかし，たまにもとの祖母に戻ることもある。熱を出し，学校を休んだ「私」のところに，祖母がきた。無視しようとしたが，祖母は心配して「私」の頭をなでてくれた。「りんごをすってきてあげよう」と言った祖母は昔のままだった。祖母のやさしさに，涙が止まらなかった。

💬 導入

　核家族世帯が多いので，祖父や祖母，または曾祖父母の存在を押さえておきたい。家族のつながりをイメージしたうえで，認知症という病気についての正しい知識を教えることが重要である。

💬 展開

　「私」の気持ちを中心に発問をつなげていく。
　「私」のお気に入りのひざかけを雑巾だと思ってそれでそうじをしたり，水筒に花を生けたりするおばあちゃんにがまんできなくなり，大きな声でつめ寄り，父から「悪かったな。おばあちゃんはお父さんのお母さんなんだ」と言われた時，何も言えなくなってしまった「私」の気持ちを考えてみたい。
　「私」が熱を出して学校を休んだ時に心配してくれたおばあちゃんへの，

「今度は私の番だからね」という言葉から、「私」の思いについても話し合わせる。
　最後に、「私」の家族にとって、祖母はどのような存在なのかを考えることで、家族が深い愛情と信頼の絆で結ばれていることに気づく。自分の成長を願い愛情をもって育ててくれた家族に対して、尊敬や感謝をこめて家族の幸せのために自分には何ができるのかを考えてみる機会を設定したい。

終末

　家庭は、子どもにとって生活の場であり、団らんの場でもある。子どもは家族との関わりを通して愛情をもって保護され、育てられ、安らげるのである。充実した家庭生活を築いていくために、家族の一員としての自分の役割を自覚し、家族のために、積極的に役立つことができるよう指導したい。

> **ここが活用ポイント！**
> 「遺産」というキーワードから、小話を話す。目に見えるものだけではない精神的なものや文化を通して、家族を敬愛する心を育てていきたい。

　子どもは家族を構成する一人一人についての理解を深めていくことで、現在の自分の存在が父母や祖父母から受け継がれたものであることを実感する。そして、自分の成長を願って無私の愛情で育ててくれたかけがえのない存在である家族を敬愛する心が育つ。
　また、子どもが家庭生活の中で、互いの立場を尊重しながら家族に貢献することの大切さに気づいていくようになると、子ども自身も家族の中での自分の立場や役割を自覚できるようになる。
　なお、多様な家族構成や家庭状況があることを踏まえ、十分に配慮をした指導を行う必要がある。

〈三ッ木　純子〉

中学年　おすすめ活用場面：導入

C-⑮　家族愛，家庭生活の充実

小話㊹ あなたの家庭にもっと望むことは？

　　一番多かった答えは，「家族のみんなが楽しく過ごす」

　「あなたの家庭に，もっと望むことはありますか？」というアンケートをとると，どの歳の子どもも，一番多かった答えは，同じだったそうです。
　何だと思いますか？　考えてみましょう。
　正解は，「家族のみんなが楽しく過ごす」です。
　あなただけではなく，家族のみんなが楽しく過ごす……。楽しく過ごすってどんなことが頭に思い浮かびますか？
　きっと，たくさんのことが思い浮かぶことでしょう。
　では，あなたが家族の一員として，家族のみんなが楽しく過ごすために，できることは何でしょう。
　どんなことが，もっと家族のみんなが楽しく過ごすことができるようにするのでしょうか。また，あなた自身も楽しく過ごすことができるようになるのでしょうか。
　みんなで，考えてみましょう。

参考文献：『平成22年版　家庭教育手帳　小学生（低学年〜中学年）編　ワクワク子育て』文部科学省

高学年　おすすめ活用場面：終末
C－⑮　家族愛，家庭生活の充実

小話㊺ 一番そばにある愛

> いちばんそばにある愛が，
> いちばん見えにくい愛かもしれない。

　これは，アニメ映画『ももへの手紙』のポスターに使われた言葉です。
　あなたの一番そばにある愛は……？
　今，一番見えにくくなっている愛は……？
　あなたの一番そばにある愛を見えにくくしているものは何なのでしょう。
　今，一番そばにある愛を，
　今，一番見えにくくなっている愛を，
　しっかりと，心の目を開いて，見つけて，そして，感じてほしいです。
　一番そばにある愛は，一番そばにあるのに，なぜかすぐに見失ってしまいがちだから。
　当たり前のようにそばにあって，あることが普通になってしまいがちだから。
　私も，何度も何度も，見失いそうになって，そして，本当に失ってから，そばにあった愛をいっぱい思い出したり，感じたりするようになった気がします。
　心のすみっこに，今日の学習で考えたことと，この言葉を，置いておいてくださいね。

2章　いつでもどこでも活用できる！　道徳小話集

小話㊺を活用した展開例

教材名 「初めてのアンカー」

💬 教材のあらすじ

　小学校最後の運動会でリレーのアンカーに選ばれたまき。漁船の乗組員として働く父は，例年，運動会にくることができなかったが，今年はこられるということで，まきは楽しみにしていた。ところが，急な仕事が入ってしまう。まきのことを気づかいながら，仕事に行く父。祖母や母の言葉，そして，肩を落とす父の姿から，まきは，自分のためにつくっていたはずだったてるてる坊主を，父のために，父に渡したいと，父を追って坂道を走った。

💬 導入

　ずっと，自分のそばにいてくれている人について考えることを伝える。

💬 展開

　まず「あさみにVサインを送りながら，まきはどんなことを考えていたか」と問う。
　子どもからは，「うれしい。今年はさみしくない」「アンカーで走る姿を見せることができる」「やっと，みんなみたいに，運動会にきてもらえる」といった考えが出る。
　次に「お父さんがこられなくなった時，まきはどんなことを思っていたか」と問う。
　「私より，仕事の方が大事なんだ」「私のことなんて，大切に思っていない

んだ」といった意見が出る。

次に,「お父さんが肩を落としてゆっくりと玄関を出ていく姿を見て,まきは,何を思ったか」を聞く。

すると,「お父さんも残念だと思っているんだ」「本当は,運動会にきたかったんだ」「私のことを思ってくれているんだ」という考えが出る。

そして,「何に気がついたから,まきは,てるてる坊主をもって,お父さんを追いかけたのか」を問う。

「お父さんが,自分のことを大切に思ってくれていること」「お父さんは,自分や家族のことを思ってくれているのに,まきは自分のことしか考えていなかったから,お父さんのためにできることをしようと思った」といった意見が出る。

💬 終末

教師の話を聞き,学習を振り返り,自分と家族の関わりについて考えたことを書く。

ここが活用ポイント!

・あらかじめカードに書いておいた「いちばんそばにある愛が,いちばん見えにくい愛かもしれない。」を提示する。(ポスターが手に入る場合は,ポスターも提示)
・ゆったりと教師の経験から失って気づく家族の愛についても語り,子どもたちの年齢では,これまで,近くにありすぎてあまり目を向けていなかった家族の愛に心を向けさせ,自分と家族の関わり方について立ち止まって考える機会にしたい。

〈龍神　美和〉

中学年　おすすめ活用場面：終末（説話）
C－⑯　よりよい学校生活，集団生活の充実

スポーツでよく使われる言葉

> One for all, all for one
> 「ワン　フォー　オール，オール　フォー　ワン」

　この言葉はラグビーというスポーツでよく使われる言葉です。『三銃士』という小説で銃士たちが使っていた言葉でもあります。英語ですが，意味を知っている人はいますか。この言葉の意味は「一人はみんなのために，みんなは一人のために」とされています。しかし，それ以外の意味もあるようです。「一人はみんなのために，みんなは勝利のために」という意味もあるのだそうです。二回目の one は，「勝利」という意味とも読み取れるそうです。つまり，「一人はみんなのために，そして，一つの勝利という目標に向かってみんなで協力していこう」という意味ですね。この言葉はみんなが生活しているこの「学級」を一つにしてくれるよい言葉だと思います。みなさんにとっての学級の「勝利」，すなわち「目標」とは何でしょうか。「みんなで仲よくしていくこと」ですか。それとも「中学年として低学年にしたわれるお兄さん，お姉さんに成長すること」ですか。その学級の目標に向けてみんなで歩んでいくことが大切ですね。学級にとってみんなは一人一人かけがえのない存在です。その一人一人が集まって力を発揮するからこそ，学級は「目標」に向かっていくことができます。自分の力を信じ，よりよい学級を目指していけるといいですね。「みんなのため」にしていることが，ゆくゆくは大きく自分に返ってくるでしょうね。

中学年　おすすめ活用場面：展開（説話）
C−⑯　よりよい学校生活，集団生活の充実

小話㊼　ニーチェの言葉より

> いつも機嫌よく生きるコツ
> 「したがって，いつも機嫌よく生きていくコツは，人の助けになるか，誰かの役に立つことだ。そのことで自分という存在の意味が実感され，これが純粋な喜びになる」
> 　　　　　　　　　　　　　　　　　『人間的な，あまりに人間的な』

　みなさんはニーチェという人を知っていますか。ニーチェはドイツの哲学者です。哲学者というのは人間のよりよい生き方を考えていく学者のことです。
　今回のこの「いつも機嫌よく生きるコツ」について，みなさんはどう感じましたか。ニーチェは機嫌よく生きるコツは「人の助けになるか，誰かの役に立つことだ。そのことで自分という存在の意味が実感され，これが純粋な喜びになる」と伝えています。みなさんも誰かの助けになったり，誰かの役に立ったりした時に自分もなぜかうれしい気持ちになったことはありませんか。そういった相手にも自分にも返ってくる喜びが増えると，自分は集団の中で何をしたいのか，何をしていけばいいのかがわかるようになり，さらなる喜びが生まれてくるということです。喜びの連鎖とでも言えばいいでしょうか。みなさんはこの学級やこの学校で機嫌よく生きていくために何をしていきますか。
参考文献：『超訳　ニーチェの言葉』白取春彦編訳，ディスカヴァー・トゥエンティワン

小話㊻を活用した展開例

教材名 「みんな，待っているよ」

💬 教材のあらすじ

　病気で入院したえみは病院の中にある学校，院内学級に通いはじめる。はじめのうちは元気な時に通っていた学校のことを思い，院内学級での生活に前向きになれなかったが，院内学級に通う子どもたちや先生とふれあう中で，少しずつえみは心を開いていく。その後，えみは手術を受けることになる。少し心配するえみだったが，院内学級のみんなや４年３組のみんなからの手紙を受け取り，えみは手術にがんばって臨む気持ちが芽生えてくる。

💬 導入

　まず，ねらいとする道徳的価値についての心がまえをもつために「楽しいクラスをつくるには，どんなことが大切か」を問う。子どもたちからは「行為」に関することと「気持ち」に関することの二つの考えが発言されることが予想される。そのため板書では視覚的にそれぞれの違いがわかるように整理していきたい。子どもから出された「大切なこと」をまとめながら，さらによい方向を目指すために「もっと楽しいクラスをつくるには一人一人がどうすればよいか」というめあてを設定していく。

💬 展開

　はじめに，「えみははじめ，院内学級に通うことをどのように思っていたか」と問い，前の学校の方がよかったと感じていることや院内学級に対して

前向きになれないえみの気持ちに気づかせる。二つ目の発問として，「えみの気持ちは院内学級に通いながらどのように変わっていったか」と問い，院内学級での子どもたちや先生とのふれあいがえみの心を変えていった要因であることに気づかせる。そして，三つ目の発問として，「えみは，どんな気持ちでみんなからの手紙を壁に貼ってもらったのか」について話し合う。ここではえみの気持ちの変化，つまり，両方の学級の友達への感謝の気持ちや病気に負けないという強い気持ちなど，様々な気持ちについて考えさせるために時間を多くとる。そして，「えみは両方の学校，学級を大切に思うようになったけれど，みんながえみのように思えるようなもっと楽しい学級をつくるには一人一人がどうすればよいか」というめあてを投げかけ，それぞれの生活の在り方について見つめさせたい。ここではノートやワークシートに書かせることによって，自分の言葉を文字化して記録させたい。書いた後は，それぞれの考えを交流し合い，よりよい学級をつくっていこうという意欲を学級全員に感じ取らせていきたい。

終末

　えみの気持ちや，院内学級の子どもたちを通して考えたことを，もう一度自分たちの学級をよりよくしていくための考えとして深めるために，小話㊻を話す。「目標」という点でこの話をきっかけに新たな学級目標などが生まれるとなおよい。

ここが活用ポイント！

　言葉だけで伝えるのではなく，大きめの紙に言葉を書き写し，黒板に掲示したい。視覚でも捉えさせることによって，自分がこれから学級でどうあるべきか，どうありたいかを自覚させていく。

〈遠藤　信幸〉

中・高学年　おすすめ活用場面：展開（中心発問前）

C−⑰　伝統と文化の尊重，国や郷土を愛する態度

 包むの本来の意味は？

> 「つつむ」という字を漢字で書くことができますか。
> 「包む」と書きますね。
> この漢字は，お母さんがおなかの中の赤ちゃんを大切に思いながら見守っている姿からできたそうです。
> 包むというのは中のものをそれぐらい大切にするということなのです。

今，みなさんが体験したふろしきの，「包む」という漢字にはそんな意味もこめられているのです。
とても素敵ですね。
ふろしきの魅力をいっぱい見つけられたと思います。
ふろしきに描かれている絵も美しいです。
コンパクトに折りたためるところもいいですね。
包んだ後も見栄えがします。また，寒い時には肩にかけることもできます。
それに「包む」の漢字の成り立ちを調べるとこんな意味までわかりました。
「包む」というのは，ものだけに限りません。人の気持ちまで包んでくれますね。
みなさんはこんな素敵なふろしきを使ってどんなものを包んでみたいですか。
「わたしはふろしきで◻︎◻︎◻︎を包みます」の◻︎◻︎◻︎に包んでみたいものを書いてみてください。また，その理由も教えてください。

中・高学年　おすすめ活用場面：終末

C−⒄　伝統と文化の尊重，国や郷土を愛する態度

小話㊾ 遊びの文化から遊び心の文化へ

> 遊びの文化から遊び心の文化へ

　日本の伝統文化には遊び心が多いです。この言葉の通り，伝統工芸のコマをつくって売っている職人さんが，伝統文化を伝えていくためにおもしろい工夫をしていました。どんなことをしたと思いますか。キーワードは「遊び心」です。

　一つはお守りのように持ってもらうために縁起物にしました。「コマを回せば回すほど頭の回転がよくなる」とか「コマは芯と棒が大切。だからしんぼう強くなる」など，コマというものから連想されるイメージから縁起物として売るということをしました。

　もう一つは「コマは回ればいい」ということで形にこだわらないコマをつくったのです。例えば，野菜の形をしたコマだったり，建物の形をしたコマだったり。この職人さんは京都の方だったので京野菜をテーマにしたコマや，祇園祭の巡行の時に出る山鉾をコマにしていました。たくさんの種類があり，回すだけでなく見て楽しむことができました。

　他にも小指の爪の先ぐらいの大きさのコマや，三つ重なっているコマ，回すと暴れてしまうコマなどたくさんの種類がありました。

　遊びから遊び心の文化を伝え，心にゆとりをもってほしいという思いをそのコマの職人さんから学びました。みなさんも日本の伝統文化から学び，多様な見方や考え方ができるといいですね。

小話㊽を活用した展開例

教材名 「ふろしき」

💬 教材のあらすじ

　主人公の女の子がたんすの中にあったふろしきで本を包んでみる。とてもあたたかな印象をもつ。その後，お母さんにふろしきでのものの包み方を教えてもらったり，いろいろな使い方を教わったりしてふろしきの魅力を知る。女の子はいろいろと使いたくなった。

💬 導入

　導入では，黒板に飾った様々なふろしきを見せて，「感じたことや考えたことを発表してください」と発問する。絵柄などを見たり，大きさが様々なものを知ったりすることで，ふろしきに関心をもたせるためである。その発問に対して子どもたちからは「模様や絵がきれいだな」「ハンカチと同じ大きさのものがある。何が違うのかな」「やわらかそう」「昔からあるものだ」など見た目の印象や知っていることなど様々な意見が出てきた。そこで「日本に昔から伝わるものに，親しみましょう」というめあてを提示した。

💬 展開

　教材を読んだ後，「この話を読んで，感じたことやはじめて知ったことやすでに知っていたことを発表しましょう」と発問する。「お風呂屋さんで敷くのでふろしきと呼ばれたのははじめて知った」というように知識についての発言や「１枚の布でいろいろなものを包めるのはすごい」「包む他にもい

ろいろなことができることを知った」というように感じたことについての発言が出てきた。

　その後に「実際に，ふろしきでいろいろなものを包んでみましょう」と伝え，準備したたくさんのふろしきで体験活動をした。形の様々な包むものもたくさん用意し，十分な体験時間を与えた。そうすることで主人公に共感することができると考えたからだ。体験した後に「どんなことに気づきましたか」と問うと「本当に形に合わせて包むことができることがわかった」「とても軽くて持ち運びに便利」など教材の主人公と同じような意見が実感として出された。そこで小話㊽を活用し，中心発問「ふろしきでどんなものを包みたいですか」を伝え，書く時間をとった。

---ここが活用ポイント！---
　包むということを存分に経験したからこそ漢字の成り立ちの意味が伝わる。その意味に納得させたうえで中心発問に入るとものを包むということだけでなく，「やさしさ」など大切にしたい心についても意見を引き出すことができる。

　「心を包みたい。中のものがよく見えるから」「真心を包みたい。大切なものを一緒に包みたいから」など，心のことを伝える子が出てきて，納得や感嘆の拍手が起きていた。

💬 終末

　最後に「ふろしきのように，日本で昔から使われている道具にはどんなものがあるでしょう」ということで昔の道具にも注目させ感想を書かせて授業を終えた。この発問をすることで，後日や長期休みなどに，昔から使われているものに関心をもって探すなどの姿が見られた。

〈鎌田　賢二〉

中学年　おすすめ活用場面：導入〜課題の設定

C-⑱　国際理解，国際親善

じゃんけんは世界共通？

　外国語活動の時間に ALT の先生とじゃんけんをする時，どんなかけ声でしますか？「ロック，シザース，ペーパー！　ワン，ツー，スリー!!」ですか？　他の方法もあるのかな。

　では，韓国のじゃんけんを知っていますか？「カウィ（鋏），バウィ（岩），ボ（ふろしき）」って言うんですって。チョキ，グー，パーの順番で言います。グーは岩で，パーはふろしきという意味なんですって。おもしろいですね。

　中国では，「シトゥ（石），チャンダオ（鋏），プー（布）」と，グー，チョキ，パーの順番で言いますが，パーは「紙」ではなくて「布」だそうです。

　同じじゃんけんでも国によって，言い方はもちろんだけれど，順番や意味が違うのはおもしろいですね。手の形が違う国もあるそうですよ。

　このように，国によって違うことは他にもたくさんありますね。学校がはじまる時間が違ったり，全員スクールバスで通っていたり，給食があったりなかったり，みなさんの中にもこんなのあるよって知っている人もいるでしょう。（もし教室に外国籍の子どもがいたり，知っていたりする子がいたら少し聞いてみるのもよい）

　他にもいろいろな違いを知りたいなと思いませんか？

　それでは今日は，他の国のいろいろな習慣について考えてみましょう。

中学年　おすすめ活用場面：教材の補足資料または終末

C−⑱　国際理解，国際親善

はがぬけたらどうするの？

「実は，こんな楽しい絵本がありました。『はがぬけたらどうするの？』。今日のお話と同じですね。アメリカ，ヨーロッパ，アジア，オーストラリア，アフリカ，その他にも世界の様々なところの子どもたちが，歯が抜けたらどうするかを紹介している絵本です。なんと，この絵本をかいた人は，ふとしたことから国や地域によって歯が抜けた時にすることが違うと知って，いろいろな国の人に，道路やお店や空港などでどんどん声をかけて聞いたんですって。はじめて会った人に『歯が抜けたらどうしますか？』って質問できるってすごいと思わない？　そうやってできた本なので，ぜひみなさんにも読んでほしいと思います。とってもたくさんのお話があるので，少しだけ紹介しますね」と言って，絵本の読み聞かせをします。

『はがぬけたらどうするの？　せかいのこどもたちのはなし』（フレーベル館）という絵本では，世界中の国や地域での歯が抜けた時の習慣を楽しいイラストとともに紹介しています。学校図書館や近隣の図書館で借りることができたら，読み聞かせをするとよいです。全部読むと長いので，一部を読んで教室に置いておき，自由に読む時間がとれるとよいです。

その他に，終末に利用できる絵本として，『せかいのひとびと』（評論社）や『せかいのあいさつ』（福音館書店）など，世界のいろいろな国を紹介する絵本や図鑑が学校図書館にも多く置かれていると思うので，学校司書とも協力して，教室に「世界の国コーナー」をつくるのもよいです。

小話㊿・㋕を活用した展開例

教材名 「歯がぬけたら」

💬 教材のあらすじ

　ベルギーで暮らす姉弟が，歯が抜けた時にベルギーでする習慣について知り，日本や他の国ではどうするのかさらに興味をもち，いろいろな国の習慣について知り楽しんでいる。

💬 導入

　外国語活動の時間などに，他の国について学んだことを思い出させ，その中でも子どもたちがゲームなどでよく使う，「じゃんけん」の言い方について知り，実際にやってみた。

```
― ここが活用ポイント！
　日本と他の国との違いに興味・関心をもたせ，もっと知りたいという気持ちにさせることが大切。
```

💬 展開

　乳歯が抜けた時にどうしたか各自の経験を思い出させ，話し合ったところ，「下の歯だったので，屋根に向けて投げた」「マンションの下に向かって投げた」「特に何もしなかった」という子どももいれば，「枕の下に置いておいたら，次の日の朝，コインになっていた」と，教材と同じ経験をした子どももいた。

それから教材を読んで，ベルギーの習慣について感じたことを話し合わせた。すると，「同じ話を知っているから自分もやった」「知っていたけれど，それがベルギーの習慣だとは知らなかった」「ベルギーの習慣なのになぜ日本でもやっている人がいるのだろう」と純粋に国によって習慣が違うことを楽しむ雰囲気が感じられた。

　そこで，国によっていろいろな習慣があることについてどう思うか，また，違う習慣を知ることでどんないいことがあるかと尋ねたところ，「おもしろいなと思った」「他にもどんなことが違うか知りたくなった」「いろいろな違いを知って，そのことを話しながら仲よくなれそう」「違うところがあるのはいいことで，それを知ろうとすることでいろいろな人と仲よくなれると思う」など，これまでの自分の経験や思いを自由に話しながら，日頃から「みんな違ってみんないい」と言われているのを思い出し，「日本人だから，外国人だからということは関係なく，いろいろな違いを楽しむことがいいことなのではないか」という意見が出た。

💬 終末

　国際教育担当をしていた非常勤講師から聞いた話として，インドの学校は朝7時からはじまってお昼過ぎには終わってしまうこと，全校児童が多すぎて，午前と午後に分かれて子どもが通ってくることなどを紹介し，世界にはいろいろな学校があるのだというおもしろさを感じさせた。

ここが活用ポイント！

　もし，『はがぬけたらどうするの？　せかいのこどもたちのはなし』が手に入ったらここで読んでもよい。

　全部読むと長いので，いくつか紹介するだけでもよい。

〈仲川　美世子〉

高学年　おすすめ活用場面：終末
D−⒆　生命の尊さ

「メメント・モリ」という言葉について

> 「メメント・モリ」という言葉があります。ラテン語で「自分が（いつか）必ず死ぬことを忘れるな」「死を忘るなかれ」ということなのですが，怖い言葉ではありません。
> 　死を見つめることで「今をしっかり生きていこう」という意味がこめられています。

　この言葉に出会ったきっかけは，Mr.Children さんの「花—Mémento-Mori—」という歌の題名を見て意味を調べたことでした。
　人はずっと生き続けることはできません。今回のお話のように病気などではやくに亡くなってしまった子もいます。私たちはその亡くなった方々の生前の思いから何を学ぶのでしょう。
　私にもかつて整体といって体を整えてくれる恩師の先生がいました。高校の時に出会い，サッカーをする中で体のケア一つでパフォーマンスが向上することを身をもって知りました。次の日の大会で体が軽くていつも以上の動きができたことを今でも覚えています。
　その人はいつも私が通うたびに新しいことをはじめているようなパワフルな方でした。70歳をこえたあたりだったでしょうか。「人間死ぬまで一生勉強やぞ」とおっしゃり，韓国語の勉強をはじめどんどん上達していかれたのを覚えています。体だけでなく心も一緒に整えてくださる方でした。
　大学受験の時にも「どれぐらい勉強しているんだ。私なら人の２倍などと

言わず10倍ぐらいやってやるぞという覚悟がなかったら力なんてものはつかない。がんばれよ」と言われた時は，どこまでも命いっぱい生きているんだなと思わずにはいられませんでした。

　その恩師の先生が亡くなられる数週間前のことです。久しぶりに電話をした時には「体は大事にせなあかん。大丈夫か。でもどんどん成長もせなあかんぞ。一度会いにこい」とおっしゃっていました。その後会うことはなく，訃報が私のところに届きました。あれだけ元気に話されていたのに何か事故にでもあってしまったのかと思いました。

　後で，その恩師の先生をよく知る方から当時の状況をうかがいました。びっくりしたことに，整体のお弟子さんに施術をしている最中に立ったまま亡くなられたそうです。最後まで人のことを大事に思いながら自身も成長し続けることの大切さを教えてもらったと思いました。その先生は，奥さんの体のことも気づかい，お墓の場所やその後のことも全て準備していたようです。「死を思って」1日1日を大切にしながら生きていらっしゃったのです。

　私は誰かの死に直面したり，教科書などで話を知ったりするたびにこの「メメント・モリ」という言葉と恩師の先生を思い出し，
　「今自分は精いっぱい生きているかな」
　「今の自分にできることは何だろう」
　「今を楽しめていないのはもったいない」
　「家族や人の命も大切にできる自分でいたい」
　「くだらないことに命を使わないようにしよう」
という気持ちになります。

　生命の尊さということから本当にたくさんのことが学べます。みなさんも自分や他人を大切にし，命いっぱい進んでいってほしいと思います。

小話㊾を活用した展開例

教材名 「命の詩―電池が切れるまで」

💬 教材のあらすじ

　みやこしゆきなさんが小学校4年生の時に書いた「命」という詩があり，その中には「いのちいっぱい生きていきたい」という思いが書かれている。詩をつくる背景にあるゆきなさんの気持ちについても書かれている。

💬 導入

　はじめに「命の詩―電池が切れるまで」という題名を提示して，その題名を読んで思ったことや考えたことを伝え合う活動をした。詩へのイメージをふくらませていくことで，より作者に共感させていくことを大事にするためである。「命と電池ってロボットのことかな」「電池で動く命って何のことだろう」「電池が切れて亡くなってしまうのかな」などの意見が出てきた。十分に意見を出させた後に「命とは，どんなものだろう」というめあてに沿って考えていくことを伝える。詩はみんなと歳が近い小学校4年生の子どもが書いたものであると前置きして教材を読んだ。

💬 展開

　ゆきなさんの詩を読んだ後に「ゆきなさんの詩を読んで，一番心に残ったのはどんなところか」を理由と一緒に意見交流をした。「『「命なんかいらない。」と言って命をむだにする人もいる』というところ。ひどいと思ったから」「『私は命が疲れたと言うまでせいいっぱい生きよう』というところ。力

138

いっぱい生きることが大事だと思ったから」など歳の近いゆきなさんの気持ちに共感しながら出される意見が多くあった。その後，残りの教材を読んでいった。

教材後半部にある「でも……」の後，ゆきなさんは，どんなことが言いたかったのかをそれぞれに書かせて交流を進めた。「私は命にそんなことはできない」「人間にそんなことができるわけがない」「命は一つしかない」といったことが出され，ゆきなさんの立場に立った意見が多く出てきた。

終末

終末に「『精いっぱい生きる』とは，どういう生き方をすることかを考えてみよう」と発問し，今の自分に寄り添い考える機会を設けた。授業で引き出された生命尊重の思いを今後に生かすためである。「自分にできることを思いっきりがんばること」「友達を大事にすること」「家族を大切にしていくこと」などが出てきたので，具体的にどういう場面が考えられるのかを全員でさらに深めていく活動をした。

十分に話し合った後に小話㊾を伝え，本時の感想を書かせた。

ここが活用ポイント！

みやこしゆきなさんの命を大切にした精いっぱいの生き方と重ね合わせ，ゆきなさんの思いを大切にしながら本時のまとめとして話をする。話の主人公を生かしながら進めていくことで教科書から学ぶということを大事にしていく。

〈鎌田　賢二〉

低学年　おすすめ活用場面：終末（説話）

D－⑲　生命の尊さ

小話㊺　はじめの一歩

> はじめの　いっぽ　あしたに　いっぽ
> ゆうきを　もって　おおきく　いっぽ　あるきだせ
> 　　　　　　　　　　　　　（「はじめの一歩」の歌詞の一部）
> 　　　　　　　　　作詞・新沢としひこ　作曲・中川ひろたか

　みなさんは，「はじめの一歩」という歌を知っていますか。幼稚園や保育園で歌ったことがある人も多いでしょう。
　ここでは，歌の言葉（歌詞）について，少し考えてみましょう。歌詞には，「生きていることを喜び，精いっぱい生きていきましょう」というような意味をもった励ましの言葉がたくさん出てきます。
　例えば，「ゆうきを　もって　おおきく　いっぽ　あるきだせ」があります。生きるうえでは，つらいことなどもありますが，勇気をもってさえいれば，明日を元気に生きることができるよ，ということでしょう。また，「しんじることを　わすれちゃ　いけない　かならず　あさは　おとずれるから　ぼくらの　ゆめを　なくしちゃ　いけない　きっと　いつかは　かなうはずだよ」という歌詞もあります。
　小さな鳥がさえずり，朝日が昇り，川が流れるなど，小さなことかもしれませんが，そのようなことを毎日感じることこそが，生きることのすばらしさであり，自分の命を大切にすることにつながるのですね。最後に，元気に「はじめの一歩」をみんなで歌って，今日の授業を終わりましょう。

低学年　おすすめ活用場面：終末（説話）
D−⑲　生命の尊さ

どのような時に，「生きている」ことを感じますか

> 心臓がどきどきする，気持ちよく起きる，楽しく勉強する，手があたたかい，おいしく食べる，楽しく運動するなど「生きている証」を実感できることが，生きることのすばらしさを知ること。
> 参考文献：「わたしたちの道徳　小学校一・二年」（文部科学省）92〜93ページ
> 　　　　　「小学校学習指導要領解説　特別の教科　道徳編」　　　　　　など

　みなさんは，自分の命を大切にしていると思います。規則正しく生活して，交通安全などにも気をつけていることでしょう。命を大切にするためには，生きているすばらしさをしっかり感じ取ることが必要です。
　生きているすばらしさには，どんなことがあると思いますか。
　何か特別なことではありません。
　例えば，体にぬくもりがあり，手があたたかい，心臓がどきどきと動いている，毎日夜はぐっすり眠り，朝，気持ちよく起きる，食事がおいしい，学校にきて，みんなと勉強や運動を楽しむことができる，などは生きていることのすばらしさです。また，日頃は忘れてしまっていることも多いと思いますが，育ててくれる家族の思いを考えたり，それに応えたりすることも生きることのすばらしさです。
　これからも，「生きることのすばらしさ」をたくさん見つけながら，生活していきましょう。

小話㊼を活用した展開例

教材名 「ハムスターの赤ちゃん」

💬 教材のあらすじ

　ハムスターの赤ちゃんが生まれた。毛が生えていないし目も開いていないがおっぱいを一生懸命吸っている。ハムスターのお母さんは，赤ちゃんをそっとくわえて巣に運ぶ。生まれて10日経つと，毛が生え，体も大きくなって，あくびもする。ハムスターの赤ちゃん，はやく大きくなあれ。その小さい体にどんな力がつまっているのかな。元気に歩き回るのも，もうすぐだね。

💬 導入

　「今日は，『生命』について考えます」（学習課題）と板書する。
　「ハムスターなどの動物を飼ったことがありますか」と問う。
　生命とのふれあいについて，自由に発表させ，動物の種類を板書しながら，「元気ですか」「動き回りますか」「いっぱい餌を食べますか」など，生きる様子を想起させながら，それに対する気持ちを発表させる。そのことを通して，教材や学習課題への興味や関心を高める。

💬 展開

　「ハムスターになったつもりで読みましょう」と伝え，教材を読む。
　「ハムスターの赤ちゃんらしいところを教えてください」と問う。
　自然（動植物）愛護の授業にならないようにするため，飼育する側ではなく，ハムスターの生きる姿に焦点をあてて，授業を進める。

「目も開いていないのに，一生懸命おっぱいを吸っている」
「10日で体がとっても大きくなってきた。毛が生えてきた」
「あくびもするし，お母さんのおなかにくるまって気持ちよさそうだ」
小さいながらも一生懸命生きようとしている姿に着目させる。
「小さい体につまっている力とはどんな力だと思いますか」と問う。
「かわいく動き回る力」「大きくなる力」「ひまわりの種をばりばり噛む力」「兄弟姉妹と楽しく遊ぶ力」などの声があがる。
「みなさんにはどんな力がつまっていますか」と問う。
隣同士で自分につまっている力，できることなどを自由に意見交換させる。
「休み時間に友達と外で楽しく遊ぶ力をもっているよ」
「小さい頃はあまり食べなかったけど，1年生になってからはよく食べる」
「体が大きくなった。勉強する力も体の中につまっている」
ハムスターの様子と対応するように，子どもの発表を板書して，どの子どもも一生懸命，元気に生きる力をもっていることを理解できるようにする。

終末

「自分が生きているなあと感じることをプリントに書きましょう」と発問し，すぐに書けない場合は，黒板の記述や友達の発言から選んで書かせる。

> **ここが活用ポイント！**
> 歌詞にこめられている意味をわかりやすく伝え，歌詞を味わいながら，元気に歌えるようにする。元気に歌うことも「生きている証」である。

教師も一緒に子どもの成長を喜びながら歌う。また，友達と目を合わせたり，体を揺らしたりしながら，楽しく歌えるような雰囲気づくりを行う。

〈坂本　哲彦〉

低学年　おすすめ活用場面：終末（説話）

D－⑲　生命の尊さ

小話㊺ 家族の幸せとは

> 家族の幸せとは，親が死に，子が死に，孫が死ぬこと
> 親よりも子が，子よりも孫が先に亡くなることが
> 家族にとって一番大きな悲しみになる

　これは，アニメでも有名な一休さん（一休禅師）の言葉です。
　（ここで，アニメの一休さんの絵を資料として提示するとよい）
　みなさんは，この言葉の意味がわかりますか。
　一休さんは，お祝いの席で，
「何かおめでたい言葉を書いてください」
と頼まれました。
「喜んで書きましょう」
と引き受けた一休さんは，「親が死に，子が死に，孫が死ぬ」と書いて渡しました。それを見た人は，
「私は，何かおめでたい言葉とお願いしたのに，死ぬ・死ぬ・死ぬとはどういうことですか」
と怒りました。すると，一休さんは，
「命には，順番があります。親が亡くなり，次に子が亡くなり，孫が亡くなる。親より先に死ぬことが，家族にとって一番の悲しみであり，不幸なことなのです」
と静かに話したということです。

中学年　おすすめ活用場面：授業の後半
D−⑲　生命の尊さ

小話㊻ 世界に一人だけの自分

　平成を終え，令和の時代になりました。一時期，「平成最後……」という言葉がいろいろなところで使われましたが，新しい時代を迎えるにあたって，読売新聞社が，全国の3000人にアンケート（世論調査）をしました。どんな調査だったのかというと，
　「平成の時代の，あなたの好きな曲は何ですか？」
という質問でした。
　さて，どんな結果だったと思いますか。圧倒的な回答数で１位に選ばれたのは，「世界に一つだけの花」でした。
　冒頭のフレーズは，とても有名ですね。
　♪NO.1にならなくてもいい　もともと特別なOnly one♪
　オンリー１は，「世界に一人だけの自分」を意味します。
　みなさんは，今から「〇年前」，お父さんとお母さんの命を半分ずつもらって生まれました。そして，今，世界に一人だけのオンリー１の自分として，ここに存在しています。だから，人は，そこにいるだけで（存在しているだけで）価値があるのです。
　いらない命なんて一つもありません。動物だって，植物だって同じです。たった一つの命を一生懸命に生きています。
　自分の命を大事にしてください。一生懸命に，徹底的に，自分の命を大事にしてください。自分を大切にできない人は，友達も大切にできません。自分を大事にして，自分の存在に誇りをもって，そのうえで，自分の好きなこと，得意な分野でナンバー１を目指してほしいと願います。

2章　いつでもどこでも活用できる！　道徳小話集　145

小話(55)を活用した展開例

教材名 「うまれたてのいのち」

教材のあらすじ

計４ページ構成。最初の見開き２ページは，動植物の誕生や成長の様子が写真で紹介されている。後半２ページは，生まれたばかりの赤ちゃんの写真と言葉（「あかちゃんがうまれたよ……」）で構成されている。

他社の教科書にも，赤ちゃんの誕生や成長に関する教材が収められている。他教材での代用・応用も可能である。

導入

教科書の写真（花・鳥・カタツムリ）を見て，感じたことを発表させる。子どもたちの発言に共通する内容として，「命の誕生」に注目させる。

「自分が知っている『命あるもの』を発表しましょう」

出された意見は，動物，植物，そして，人間に分けて黒板に整理していく。

展開

生まれたばかりの赤ちゃんの写真を提示して，教材文を読む。家に赤ちゃん（小さな弟・妹）がいる子がいれば，その様子を発表させる。

「赤ちゃんに，どんな言葉をかけてあげようかな」と聞き，やさしい言葉や「元気に育ってね」などの励ましの言葉をたくさん発表させる。

次に「みなさんの誕生日を教えてください」と聞く。

列指名で，「○月□日です」というふうに，テンポよく全員に発表させる。

授業者は，子どもの発言を受けて，何月生まれが何人いるのかを黒板に「正」の印で記録していく。
　「あなたの誕生日に，家の人からどんな言葉をかけてもらいましたか」と聞く。これは，「みなさんの誕生日を教えてください」と同じく，全員に発言させる問いである。学級の規模（在籍人数）に応じて，ペアトークやグループ内での発表など，形式を工夫する。
　子どもからの発表を受けて，
　「みなさんが生まれて，お父さんもお母さんも，おじいちゃんも，おばあちゃんも，みんな幸せだったんだね」
と話す。（家庭環境に応じて，表現に配慮する）

💬 終末

　「家族もみんな幸せ」という言葉につなげて，小話㊺（一休さんの話）をする。ここまで，「命の誕生→家族の幸せ」という流れで学習を進めてきた子どもたちに，「一休さんは，『親が死に，子が死に，孫が死ぬことが幸せ』と言いました」と伝える。

> **ここが活用ポイント！**
> 　それまでの自分の考えに反する（矛盾する）事柄に出会った時，思考が活性化される。一休さんの言葉の意味を子どもたちは，真剣に考えはじめる。

　「一休さんの言葉を聞いて，どう思いますか」
と語りかける。反論も出されるだろうが，「何か意味があるのでは？」という問いを子どもから引き出す。そして，
　「一休さんは，どうしてこんなふうに話したのでしょうか」
と問い，その真意について考えさせる。

〈佐藤　幸司〉

低学年　おすすめ活用場面：導入

D－⑳　自然愛護

小話(57)　昆虫の不思議

今日はたくさんの昆虫図鑑を持ってきました。
これまで，生き物について生活科で観察したり，図書室で調べたりしてきましたね。このクラスの中にも，昆虫博士がたくさんいます。
突然ですが，これから昆虫の一部をみんなに見てもらいます。
さて，どんな昆虫が出てくるのでしょうか。
（画像資料を提示して）
これは何の昆虫の一部でしょうか。わかりますか。
（いくつか繰り返す）
昆虫の世界には，たくさんの不思議がつまっているようですね。
今日は，そんな昆虫をずっと追い続けた，ある人のお話です。

【子どもが驚き，教材への関心を高めそうな例】
❶擬態が得意な昆虫（イモムシ等）
❷ジャンプが得意な昆虫（ノミ等）
❸かたさ自慢の昆虫（クロカタゾウムシ等）
❹まるでスズメバチ（スズメバチ蛾）
❺樹液をテイクアウト（ミツツボアリ）
※子どもが飼育したり，観察したりする中での発見や感動，驚き等があれば，導入で紹介するのもよい。

高学年 おすすめ活用場面：終末（説話）
D−⑳ 自然愛護

 自然に生かされている

> 自然は至上の建築家である。自然の一切はもっとも美しいつりあいをもって建てられている。

　これは，「考える人」の作者として有名なフランスの彫刻家，ロダンの言葉です。（「考える人」の画像資料を提示）
　「至上」というのは「この上もないこと，最上，最高」という意味です。
　「一切」は，わかりますね。「全てのこと，全体」という意味です。
　この授業では，自然について学習してきました。さて，ロダンは，なぜ自然を最高の建築家であると表現したのでしょう。
　普段生活していると，「雨が降ってきた。濡れてしまうのが嫌だな」と思うことはありませんか。私は，時々そう思います。けれど，雨がまったく降らなかったら，地球はどうなってしまうのでしょうか。地球上の大半が砂漠化します。もちろん，人類は生きていけません。その他多くの生物についても，同じことがいえます。
　逆に，雨が降り続いたら，どうでしょうか。洪水や土砂崩れが起こるだけでなく，植物が少なくなり食べるものが極端に減ります。もちろん，人類が生き残る道は残されていません。
　ロダンが言った「もっとも美しいつりあい」を，私は雨の日に少し忘れてしまっていたのかもしれません。

小話(57)を活用した展開例

教材名「虫が大すき―アンリ・ファーブル―」

教材のあらすじ

フランスの生物学者であるアンリ・ファーブルは，幼い頃から虫が大好きで，その生態についてたくさんの疑問をもっていた。そして，大人になっても観察を続け，その記録を『昆虫記』にまとめ，世界中の人々に読まれた。

彼は，「虫という，もっとも小さなものの中に，もっとも大きなおどろきがかくされている」という言葉を残している。彼にとって虫は，小さな体の中に大きな驚きと無限の可能性を秘めた生き物であった。

導入

授業の最初に，たくさんの昆虫図鑑を提示する。その中から，昆虫の生態がよくわかる画像資料を拡大して提示し，子どもの学習への関心を高める。導入での驚きは，学習意欲の向上につながる。また，教科等横断的な視点で生活科等と関連づけ，先行読書や並行読書をさせるのもおすすめである。

ここが活用ポイント！

昆虫の画像資料を提示する際は，最初から全部を見せるのではなく，一部を提示して，子どもに「どんな昆虫だろう？」「どの部分だろう？」などと想像させるとよい。

教科等横断的な視点でカリキュラム・マネジメントをする際は，それぞれの教科等での「育成を目指す資質・能力」を明確にしておく必要がある。

道徳科には道徳科の，生活科には生活科の目標がある。それを混同してしまうと，カリキュラム・マネジメントの効果はあまり期待できない。教科等横断的な視点で授業を組む際は，ねらいの明確化がより一層大切になる。

💬 展開

展開では，「ファーブルは，なぜ虫を逃がしていたのでしょうか？」と発問し，ファーブルの昆虫への深い愛情に気づかせるようにする。単に興味があるからつかまえ，そして逃がしていたのではない。たくさんの疑問に対する答えを昆虫からもらい，感謝の思いをもって昆虫と別れていた。「ファーブルは，どんな気持ちで大人になるまで虫を観察し続けていたのでしょうか？」「生き物を大切にするということは，どういうことでしょうか？」といった発問を行う。

低学年の発達段階では，虫をつかまえて飼育したいと考える子どもが多い。中には飼いはじめたはいいが，きちんと世話をしない子どももいる。植物を含めて，「生き物を大切にするということは，どういうことなのか」を，ファーブルの生き方を通して考えさせたい。

💬 終末

終末では，「あなたは，これからどうしていきたいですか？」などと子どもに意思決定を求めるようなことはしない。授業を振り返って，考えたことや気づいたことを自由に書かせるようにする。

また，たくさんの昆虫図鑑を授業後も教室に保管しておくので，興味があったらいつでも手に取ることができるということを子どもに伝える。

〈小泉　洋彦〉

高学年　おすすめ活用場面：終末

D－(21)　感動，畏敬の念

小話(59)　美しい言葉「令和」

> 于時　初春令月　氣淑風和　梅披鏡前之粉　蘭薫珮後之香

この言葉，「初春の令月にして，氣淑く風和ぎ，梅は鏡前の粉を披き，蘭は珮後の香を薫す」と読むそうです。ここには，ある言葉が隠されています。そうです，「令和」です。「明日への希望とともに，日本人一人一人が大きな花を咲かせる」という願いをこめて選ばれた言葉です。今からおよそ1300年前の日本最古の歌集「万葉集」に収められている「梅花の歌」からとったそうです。

しかし，今からおよそ300年前（江戸時代）の人は，ほとんどが「万葉集」を読めなくなっていたそうです。万葉集が漢字だけで書かれていたからです。これを万葉仮名といいます。その頃は，ひらがなやカタカナがまだできていなかったのです。例えば，クラゲはカタカナで書くと簡単ですが，万葉仮名では「久羅下」となります。「月」は「都紀」と書いていたそうです。

そこで，賀茂真淵という人は，漢字だけの万葉仮名で書かれていた歌を，わかりやすく表そうとしました。また，その当時の人々の純粋な心や思い，自然を大切にしていこうと伝えました。そのおかげで「万葉集」は今でも，私たちの心に響くものとして語り継がれているのです。

このような1000年以上も前に美しい言葉でつくられた歌が，「令和」とともにこれからも語り継がれていくといいですね。

高学年　おすすめ活用場面：展開後段・終末
D－㉑　感動，畏敬の念

小話⓺⓪　100本の桜

　日本には，病を治すために努力してきた医者が数多くいます。みなさんは，どの人を知っていますか。野口英世博士をすぐに思い出す人もいるでしょう。野口博士は，黄熱病の研究をして病気の人を救おうとしました。現在では，iPS細胞をつくり出した山中伸弥博士などが有名です。その他に北里柴三郎博士や志賀潔博士など，伝染病の研究をしたすばらしい医者がいます。
　その中で，今回みなさんに紹介する人は，肥沼信次医師です。肥沼医師は，70年ほど前の第二次世界大戦後のドイツで，献身的に病気の治療にあたった人です。戦争に敗れたドイツでは，食料や薬が不足し，チフスという伝染病がはやっていました。チフスはかかると高熱を発し，頭痛などの症状が出てきて，ひどい時には死んでしまう怖い病気です。ヴリーツェンという町では，医師は肥沼医師だけで，たった一人で親身になって病気の治療にあたったそうです。生まれ故郷の日本に帰ることなく，一人でも多くの人を救いたいと，不眠不休でがんばったのです。多い時には１日150人もの患者の治療にあたったそうです。そんな肥沼医師もチフスにかかってしまいました。しかし，彼は，「薬は，他の人のために使ってください」と病院にある薬を使おうとせず，ついに死んでしまいました。
　肥沼医師の最期の言葉が「桜が見たい……」だったと聞いた彼の弟は，100本の桜の苗木をドイツのヴリーツェンに贈りました。そして，その桜は春に満開になるそうです。地元の人たちは，肥沼医師への感謝の気持ちを忘れず「自分の命と引き換えにドイツ人を助けてくれた人」と尊敬し続けているそうです。

小話❻を活用した展開例

教材名 「マザー＝テレサ」

💬 教材のあらすじ

　戦争やききんのために貧しさに苦しむ人々を目の前にし，修道院にいたマザー＝テレサは，外へと飛び出した。病院に連れていっても相手にされないこともあった。しかし，あきらめなかった。多くの人を救うために「死を待つ人の家」をつくり，励まし，生きる希望と勇気を与え続けた。

💬 導入

　今まで読んだ伝記を紹介する活動からスタートした。エジソン，ヘレン・ケラー，野口英世，坂本龍馬，松井秀喜選手など，思い思いに発表し合った。マザー＝テレサを読んだ女子も数人いたので，「本時では，マザー＝テレサの生き方を考えてみましょう」と投げかけ，展開へとつなげた。

💬 展開（前段）

　教材を範読し，登場人物や場面の状況を確認した後，二つの発問をした。基本発問は「マザーは，なぜ死にゆく人々の手を握り続けたのでしょう」，中心発問は「あなたは，どんなところに心を動かされましたか」とした。先にマザーの気持ちを考えた方が，後の「心を動かされた生き方」を考えやすいと思ったからである。基本発問では「なんとかして助けたい」という発言が一番多かった。「病院に連れていって病気を治そうとしているから」という理由からである。その後，ある子がマザーの言葉を引用し，「一番悲しい

のは，誰からも相手にされていないことです，と言っているので，できるだけそばにいたいから」と別の意見を述べた。この発言に続くように他の子が「最後まで励ましている」と述べた。これらの発言から病気で苦しんでいる人へのマザーの思いが伝わってくることを確認して，中心発問へとつなげた。

　ワークシートに書き込んでから，発表することにした。生き方から感じた子どもの思いを，できるだけキーワードにして板書した。すると，「最後まであきらめない，人を励ます，弱い人へのやさしさ，助けようとする行動力，命の大切さ，思いやり，愛，人のため……」など，マザーから感じた生き方や思いをその子なりに感じようとしていた。

　展開後段として，小話⑩を入れた。自己犠牲的な行為をしながら人を救おうとする崇高な日本人について，子どもたちが知り，感じ，誇りに思ったりあこがれたりしてほしいと思って説明を加えた。

> **ここが活用ポイント！**
>
> 　実は，日本人にもマザー＝テレサのようなすばらしい人がいます。その人を紹介します。（写真も提示しながら）

　話をした後，中心発問と同じように「心を動かされたこと」を尋ねた。すると，子どもからは，「日本人にもこんなすばらしい人がいたなんて，すごい」「自分の薬まで人にあげるなんて私にはできない」などの意見が出た。「マザー＝テレサと同じだ」という感想を述べた子がいた。そこで，どのようなところが似ているのかと子どもに投げかけると，「人のためにやっている」「病人や弱い人を助けようとしている」などの意見が数多く出た。

終末

　授業の感想を書き込んだことを確認した後，授業者が「素敵な人の生き方や心を考える学習でしたね」と印象深く話して終了した。

〈尾身　浩光〉

高学年　おすすめ活用場面：終末（説話）
D−㉒　よりよく生きる喜び

 アンネ・フランクの残した言葉

> 私たちは皆，幸せになることを目的に生きています。
>
> 希望があるところに人生もある。希望が新しい勇気をもたらし，再び強い気持ちにしてくれます。
>
> 　　　　　　　　　　　　　　　　『アンネの日記』アンネ・フランク

　これは，『アンネの日記』に書かれている言葉です。書いたのは，アンネ・フランクさん。彼女は，1929年にドイツに生まれ，ナチスによるユダヤ人への迫害を避けるため，家族とともにオランダのアムステルダムに逃れました。第二次世界大戦中は，隠れ家で毎日命の危険を感じながら日記を書き続けました。15歳で命を失いましたが，戦後，『アンネの日記』として出版された書籍に書かれていた「生きる意味」や「平和を求める言葉」などが世界中の人々の心を打ちました。学校の図書館にも小学生向けの書籍があると思いますので，ぜひ読んでみてください。
　「私たちは皆，幸せになることを目的に生きています。私たちの人生は一人一人違うけれど，目的は皆同じなのです」と述べています。当たり前のことだと感じるかもしれませんが，いつ殺されるかわからない不安の中で，どう生きるかを考え続けたアンネの言葉にはあらためて考えさせられます。現在の私たちにも通じる大切な言葉だと思いませんか。

その次の言葉を見てください。幸せになるために，まず必要なのは，「希望」だとアンネは述べています。「希望があるところに人生もある。希望が新しい勇気をもたらし，再び強い気持ちにしてくれます」と。今日学習した教材の主人公にも，大きな「希望」がありました。そして，その希望が「新しい勇気」を与え，再び主人公を「強い気持ち」にしてくれました。「希望」は目標であり，願いであり，志です。

みなさんも幸せになるために生きています。みなさんにとっての「希望」とは何ですか。「目標」や「願い」は何ですか。一人一人の希望や目標は違ってかまいません。自分ならではの幸せ，希望，勇気を見つけ，生きる喜びを感じながら生きていきましょう。

最後に，日記にある次の言葉を紹介して，今日の授業を終わります。「私は理想を捨てません。どんなことがあっても，人は本当はすばらしい心をもっていると今も信じているからです」

高学年　**おすすめ活用場面：導入**
D−⑵　よりよく生きる喜び

成功やチャンスはどうすれば手に入るのだろうか

> No try, no success. または No challenge, no chance. など

外国語を学んでいるみなさんなら，意味はわかると思います。「やってみなければ，成功は手に入らない」「挑戦しなければ，好機は訪れない」です。成功やチャンスを手に入れるためには，まずははじめること，やることですね。

小話㉖を活用した展開例

教材名 「真海のチャレンジ―佐藤真海―」

💬 教材のあらすじ

　大学生の時，骨肉腫で右膝から下を切断した真海は，復学後も悲しみにくれていたものの，このままではだめだと考え，水泳にチャレンジした。その後，義肢装具士の臼井さんにすすめられ，陸上をはじめ，走り幅跳びでパラリンピック出場を目指して厳しい練習をした。最終選考会で参加標準記録を上回り，見事アテネパラリンピックに出場した。東京オリンピック招致のためのプレゼンテーションでの「何より私にとって大切なのは，私のもっているものであって，私が失ったものではない」という言葉が印象的であった。

💬 導入

　「今日は，パラリンピックの陸上の走り幅跳び選手の佐藤真海さんのお話を使って，『生きる喜び』についての考えを深めたいと思います。佐藤真海さんの『生きる喜び』とは何か，それを支えているのは何かなどについてみんなで話し合っていきましょう」（学習課題）を板書する。
　パラリンピックについて知らない子どものために，補足説明をしたり，東京オリンピックについて話したりして，興味や関心を高める。

💬 展開

　教材の読後，招致のためのプレゼンテーション，骨肉腫や義肢等の補足をする。

「真海さんが３大会連続出場できたのは，なぜだと思いますか」と問い，ペアやグループによる意見交換を行った後，全体で話し合い，おおむね次の三つの考えに分けながら板書する。
❶「限界のふたを外す」などの「強い思い」をもっていたから。
❷ひたすら練習をしたから。「血のにじむような努力」を重ねたから。
❸義肢装具士の臼井さんなど「周りの人の支え」があったから。

三つ全てがそろっていたからこそ願いがかなったことに気づかせる。
次に「仮に，パラリンピックに出場できなかったとしたら，真海さんの努力は意味がなかったことになるのでしょうか」と発問した。
・意味はない：目標を達成できなかったのだから，努力がむだになった。
・意味はある：出場は結果。本当に大切なのは前向きに生きることだ。
思考しやすいように，二項対立での話し合いを仕組む。
子どもは努力の結果に目をうばわれがちなので，「よりよく生きる」ことや「生きる喜び」の内容，意味について理解できるようにするため，話し合いを焦点化する。当初の目標が達成されなくても，「生きる喜び」を感じることができることなどについて，自分の目標などを想起させながら，自分のこれまでやこれからを考えることができるようにする。

💬 終末

終末では，「今日学んだことを書きましょう」と自分事として学んだことを文章化させ，「生きる喜び」のまとめとする。

―ここが活用ポイント！―
教材から学んだ「生きる喜び」の３条件（思い・努力・支え）と関連づけながら，アンネの「希望」「勇気」「幸せ」の話をする。

日々の生活に，一層喜びを感じることができるよう，自らのよさや可能性をさらに伸ばしていきたいものである。
〈坂本　哲彦〉

高学年　おすすめ活用場面：展開

D－㉒　よりよく生きる喜び

小話㊳　**電車の中の出来事**

> これは，ある日の新聞（1997年12月24日，読売新聞）の投書欄に掲載された実話です。投書したのは，埼玉県にお住まいの，会社員の男性の方です。朝，通勤途中の電車での出来事です。

【前半】

　ある朝のことです。私は，いつものように会社に行くために，電車に乗りました。この時間の電車は，通勤，通学の乗客で混雑しています。

　私の隣に，80歳くらいのおばあちゃんが，つり革にぶら下がるようにして立っていました。電車が時々揺れるので，おばあちゃんは，立っているのがつらそうです。

　おばあちゃんの前を見ると，40歳くらいの男の人が，書類に目を通していました。

　私は，勇気を出して彼に一言，声をかけました。

　「お仕事で大変だとは思いますが，おばあちゃんに席をゆずっていただけますか」

　すると，その人は，

「これは，気づかなくてもうしわけないですね。どうぞ座ってください」
と言って，すぐに席をゆずってくれたのです。
　私は，「人として当然のことを言ったまで」と思いながらも，勇気を出して声をかけた自分をほめたいような満足感がありました。

【後半】
　ところがです。この男の人がある駅で下車しようと歩いていく姿を見た時，彼の足が不自由なことに気づきました。
　私は，あわてて彼のところに行き，
「気がつかなくて，すみませんでした」
と謝りました。
　彼は，
「いえいえ，私こそ，はやく気づけばよかったのに」
と言い，にっこり笑って電車から降りていきました。
　悲しい思いをさせてしまったのでは……と，落ち込んでいた私は，彼の言葉に救われた思いがしました。

※新聞の投書の内容をもとに，執筆者（佐藤）が作成

小話㊿を活用した展開例

教材名 **各社の内容項目「よりよく生きる喜び」を扱った教材**

💬 教材のあらすじ

各社の教科書には、「よりよく生きる喜び」を扱った教材が二～三つ掲載されている。その中から、「よりよく生きるとは、どんな生き方なのだろうか」と子どもに問いかけているものを選ぶ。

💬 展開前半

教科書教材を読む。
登場人物の行動、生き方について、意見交流を行う。
「○○さん（登場人物）の行動（生き方）について考えましょう」と問う。
「○○さんのすごいところは、どんなところですか」
「○○さんの生き方から、どんなことを学びましたか」
という補助発問を用意する。
はじめの発問は、登場人物の行動や生き方を検討するものではない。登場人物から学ぶという姿勢を前提とする問いである。人物の行動・生き方を肯定的に捉え、「よりよい生き方」に子どもの意識を向けさせる。
「『よりよく生きる』とは、どんな生き方でしょうか」
これは、やや抽象的な問いである。したがって、子どもからの返答も抽象的な内容になることが予想される。（もちろん、自己をしっかりと見つめて具体的な意見を出せる子がいれば、大いに認めてあげる）
この場面では、展開後半（小話を活用した展開）へつなげるために、各自

に課題意識をもたせるようにする。

💬 展開後半

　小話の前半を読み聞かせる。その際，話の展開に合わせて，イラスト資料を拡大コピーやICT機器で提示する。
　三人の登場人物（「私」・男性・高齢の女性）を確認し，その中で，「私」と男性に注目して考えることを伝える。
　「『私』または男性の行動をどう思いますか」
　「私」または男性のいずれかを選び，同じ人物を選んだ子同士で集まって意見交流を行う。その後，交流した内容を全体で発表する。その中で，席をゆずってもらった女性の心情にもふれるようにする。
　小話の後半を，先ほどと同じくイラスト資料を見せながら読み聞かせる。
　「この男性の言葉を聞いて，あなたはどんなことを感じましたか」と問い，男性の行動と言葉の中に，人としての美しさを感じ取らせたい。

💬 終末

　「『よりよく生きる』とは，どんな生き方だろうか」と，二つ目の発問と同じ内容を再び問う。

> **ここが活用ポイント！**
> 　前半の教科書教材で「よりよく生きるとは？」という課題意識をもたせ，後半の小話で具体的なその姿（一例）を提示する。子どもに，生き方の美意識についてのイメージをもたせる。

　これからの自分の生き方を思い描きながら，具体的な言葉で考えさせる。（ノート等に書かせてもよい）

〈執筆：佐藤　幸司　　イラスト：前田　康裕（熊本大学）〉

あとがき

　道徳教育の「要」としての道徳科が全国の学校でスタートし，全国の子どもたちが道徳科教科書を手にしながらそれぞれに自分らしいスタイルで道徳学びを進めてくれていると思います。今まで道徳教材（資料）集としての副読本すら満足に配備されていなかった学校もめずらしくなかった状況を思うと，まさに隔世の感がしてきます。しかし，教科書を伴って新たにスタートした道徳科授業，どこの学校も子どもが学びの主人公となって生き生きと主体的に活躍できているのでしょうか。その現実が少しだけ気になります。

　新たな歩みをはじめたばかりの道徳科授業にクレームをつけようといった他意はありません。むしろ，これまで教師が指導しやすい道徳教材のみで編成されがちであった道徳科カリキュラムが，これからは教科書教材を軸に展開されることでバランスがよくなるのではと，大いに期待しているような次第です。ただ，ベースとしての道徳科教科書教材を全て有効活用できればよいのですが，教職キャリア等教師側の理由から子どもが主人公となって活躍できる道徳科授業ばかりにならないのではと，その一点のみが気にかかります。そんな時に本書で提案している道徳小話を道徳教材と関連づけることで子どもの学びは大きく違ってきます。印象深い道徳科授業を１年間通じて子どもたちに提供するためには，教科書教材に活力をもたらす小話（説話，体験談，新聞記事やＴＶで取り上げられた話題やＣＭ，ポスター等のキャッチコピー，音楽，ことわざ，話題の書籍やコミック中の言葉等々）の活用がとても有効です。道徳科授業に活力をもたらし，子どもたちの道徳学びの意欲を引き出す小話の魅力を再確認してほしいと願い，本書は「道徳科授業づくり小引き出し」として編集されました。

　小話というと，編者は若い時分に大変お世話になった道徳教育の先達，加藤一雄先生を思い起こします。加藤先生は神奈川大学等で教鞭をとりながら，日本道徳教育学会理事として我が国の道徳教育振興に多年尽力された方です。

その先生は，よくこんな話を編者に聞かせてくれました。それこそ，本書で提案しているところの道徳小話であったのです。
　「昭和19（1944）年，私と母は福島県平市（現いわき市）から常磐線でさらに奥に入ったある軽便鉄道沿いの農家に疎開しました。そこから旧制磐城中学に列車通学していたのですが，通学といっても工場動員がほとんどでおなかをすかして帰途につく毎日でした。ある日，道端に生えているスカンポの茎をかじりながらの帰り道に，農家の垣根ごしに今にも熟して落ちそうな柿の実を見つけました。思わず手を伸ばすとなんと届いたのです。おいしそうな柿の実が今，私の手の中にあります。周りを見回しても誰も見ていません。私が柿の実を握った右の手に力を入れ，まさにもぎとろうとしたその時でした。『お月さまが見ているよ』と，農家の納屋裏からふいに声がしました。姿は見えません。でも，たしかに『お月さまが見ているよ』という声が聞こえたのです。私は握った柿の実を離すと，一目散に逃げました。走りながら天空を見上げると，まん丸いお月さんがどこまでも，どこまでも追いかけてくるのです。本当に怖かった」（聞き取りメモのまま）
　加藤先生は，この「柿泥棒未遂事件」を中学生や大学生の教え子たちに繰り返し語って聞かせたそうです。すでに他界された加藤先生の説話，編者はことあるごとに思い浮かべます。それだけではなく，加藤先生が語って聞かせた教え子一人一人の顔を想像しながらその時の様子を思い浮かべます。うなずきながら聞く子，興味なさそうに半分身を斜めにかまえながらも聞きもらすまいと本心は必死な子，ポカンと口を半開きに開けたまま聞き入る子，その小話へのふれ方はきっと個性的であったに違いありません。しかし，教師が本気でその説話に託して伝えようとした思いや願い，それはしっかりと受け継がれたに違いありません。
　最後に，本書刊行に際して陰日向にお支えいただいた明治図書編集部の茅野現様に衷心より謝意を申し上げます。

　　　　　　　　　　　　　　　　　　　　　　　　　　田沼　茂紀

【執筆者紹介】（執筆順）

田沼　茂紀	國學院大學人間開発学部教授
尾崎　正美	岡山大学教育学部附属小学校
三ッ木純子	神奈川県川崎市立鷺沼小学校
尾身　浩光	新潟大学教職大学院准教授
遠藤　信幸	東京学芸大学附属小金井小学校
門脇　大輔	鳥取県鳥取市立末恒小学校
鈴木　賢一	愛知県あま市立七宝小学校
小泉　洋彦	千葉県柏市立名戸ヶ谷小学校
龍神　美和	大阪府豊能郡豊能町立東ときわ台小学校
仲川美世子	神奈川県横浜市立榎が丘小学校
坂本　哲彦	山口県山口市立上郷小学校
佐藤　幸司	山形県村山市立袖崎小学校
鎌田　賢二	京都府京都市立桂川小学校

【編著者紹介】

田沼　茂紀（たぬま　しげき）

新潟県生まれ。上越教育大学大学院学校教育研究科修了。國學院大學人間開発学部初等教育学科教授。専攻は道徳教育学，教育カリキュラム論。川崎市公立学校教諭を経て高知大学教育学部助教授，同学部教授，同学部附属教育実践総合センター長。2009年より國學院大學人間開発学部教授。同学部長を経て現職。日本道徳教育学会理事，日本道徳教育方法学会理事，日本道徳教育学会神奈川支部長。

【主な単著】『道徳科で育む21世紀型道徳力』2016年，『未来を拓く力を育む特別活動』2018年，『学校教育学の理論と展開』2019年（いずれも北樹出版）等。

【その他の編著】小学校編・中学校編分冊『道徳科授業のネタ＆アイデア100』2018年（明治図書），小学校編・中学校編分冊『道徳科授業スタンダード　「資質・能力」を育む授業と評価「実践の手引き」』2019年（東洋館出版社），監修『個性ハッケン！50人が語る長所・短所（全５巻組）』2018年（ポプラ社）等多数。

道徳科授業サポートBOOKS

小学校　子どもの心にジーンと響く道徳小話集

2019年9月初版第1刷刊	©編著者	田　沼　茂　紀
	発行者	藤　原　光　政
	発行所	明治図書出版株式会社

http://www.meijitosho.co.jp

（企画）茅野　現　（校正）嵯峨裕子
〒114-0023　東京都北区滝野川7-46-1
振替00160-5-151318　電話03(5907)6701
ご注文窓口　電話03(5907)6668

＊検印省略　　　　　組版所 藤原印刷株式会社

本書の無断コピーは，著作権・出版権にふれます。ご注意ください。

Printed in Japan
JASRAC 出 1908099-901

ISBN978-4-18-331928-9

もれなくクーポンがもらえる！読者アンケートはこちらから

明日からできる！ 授業が変わる！

道徳科授業のネタ&アイデア100
小学校編 / 中学校編

田沼茂紀 編著

- ●A5判
- ●160 ページ
- ●本体 1,960 円+税
- ●小学校：図書番号 2232
- ●中学校：図書番号 2233

❶導入 ❷教材提示 ❸話し合い活動 ❹板書
❺ノート&ワークシート ❻終末 ❼教具 ❽説話

道徳授業がマンネリ化していませんか。少し工夫をすることで、楽しく、子どももノリノリな道徳授業に変わります。場面別に 100 のアイデアを掲載。

---

300 以上の文例の中から、必ずピッタリの文例が見つかる！

『道徳教育』PLUS
「特別の教科 道徳」の通知表文例

小学校編
『道徳教育』編集部 編

中学校編
田沼茂紀 編著

本書では、評価の基本的な考え方を踏まえた所見文例を 300 以上掲載しています。また、やってはいけないNG文例も収録し、ポイントを押さえた所見づくりにすぐ活用可能です。

- ●B5判
- ●128 ページ
- ●本体 2,060 円+税
- ●小学校：図書番号 2961
- ●中学校：図書番号 2962

明治図書　携帯・スマートフォンからは **明治図書 ONLINE** へ　書籍の検索、注文ができます。▶▶▶

http://www.meijitosho.co.jp　＊併記4桁の図書番号（英数字）でHP、携帯での検索・注文が簡単に行えます。

〒114-0023　東京都北区滝野川 7-46-1　ご注文窓口　TEL 03-5907-6668　FAX 050-3156-2790